Alfons Sarrach

# Weine über Deutschland, mein Kind

Alfons Sarrach

# Weine über Deutschland, mein Kind

Edition S

Die Edition S ist ein
unabhängiger Verlag mit christlicher Ausrichtung

1. Auflage 2000



Die Deutsche Bibliothek · CIP-Einheitsaufnahme
Ein Titeldatensatz für diese Publikation ist bei Der
Deutschen Bibliothek erhältlich.

Umschlaggestaltung, grafisches Konzept: C³, Andreas Zaum, Stuttgart
Herstellung und Druck: Clausen & Bosse, Leck

Printed in Germany ISBN 3-929549-13-1

# Zum Inhalt

*Gewidmet*
*meinen drei indischen Töchtern*
*Geetha, Sumana und Meena*

*

# Kapitel 1 1994

# ZWEIFELNDER KRANICH

Sollte es der bitterste aller meiner Wege werden, die ich im Laufe meines Lebens gezwungen war zurückzulegen, fragte ich mich. Wege, die oft hoffnungsvoll begonnen hatten, die später holprig wurden, voll heimtückischer Schlaglöcher, Wege am Rande tiefer geistiger Schluchten, oberhalb reißender, unübersehbarer Bergbäche, Wege am Ufer grosser, gewaltiger Zeitströme, Wege in dunklen Tälern der Suche nach dem Sinn der eigenen Existenz, Wege an menschenleeren Stränden der Verzweiflung, innerer Einsamkeit.

Eigentlich hatte ich im stillen gehofft, es würde mir erspart bleiben, noch einmal einen unbekannten Pfad einzuschlagen, einen ungewöhnlichen. Ich war in einem Alter, in dem man sich langsam nach geruhsamen Plätzen umschaut, mit einem schönen Ausblick in eine beruhigende Landschaft.

Der Weg, den ein rätselhaftes Schicksal mich nun zwang, neu einzuschlagen, führte zunächst in eine Maschine der Lufthansa. Ausgerechnet der Lufthansa, dachte ich. Nicht einmal das blieb ihr erspart.

Als wir die Treppe hinaufgingen, fiel mein Blick auf den hinteren Teil des Flugzeuges mit dem schlanken Kranich, dem Wappentier der Gesellschaft. Kraniche haben mich immer verzaubert, ihr geschmeidiger Körper, ihr Flug am Himmel der Berglandschaft, in der wir wohnten.

Im Oktober konnten wir sie beobachten, wenn sie aus Nordosteuropa kamen und in Richtung Spanien und Nordafrika flogen, in kleineren Verbänden und in keilförmiger Flugordnung. Jedes Jahr von neuem ein aufregender Anblick.

Jetzt kam der Vogel mir eher wie ein kohlpechschwarzer Rabe vor, der mich krächzend verhöhnte: »Du hast zu sehr auf die Zukunft gesetzt«, schien er zu trompeten, »aber jetzt hat dich die Vergangenheit eingeholt. Und sie wird dich nicht mehr loslassen, bis an dein Lebensende nicht. Die düstere Vergangenheit deiner Kindheit, die lange zurückliegt und die du überwunden glaubtest, sie wird dich fortan begleiten. Diese Welt lebt nicht nach dem ›Prinzip Hoffnung‹, wie jener deutsch-jüdische Denker Ernst Bloch, den man einen Philosophen nannte, geglaubt hatte.«

In den 70er Jahren wollte ich ihn in Tübingen einmal sprechen. Als leitender politischer Redakteur einer Zeitung im Großraum Stuttgart hatte ich mich damals darauf spezialisiert, in Abständen führende Persönlichkeiten dieser Republik zur Zukunft zu befragen. Ich hatte vor, ihn damals zum Problem des Bösen, zu den Wurzeln des Bösen zu interviewen. Die Anregung kam von einem anderen Mann in der berühmten Universitätsstadt, von dem evangelischen Theologen Jürgen Moltmann. Dieser hatte ein ähnliches Buch herausgegeben, die »Theologie der Hoffnung«. Aber in einem zweiten war er dem Problem des Bösen, des Leidens nicht ausgewichen. Ernst Bloch dagegen wich aus, er sagte ab. Offensichtlich wollte er sich zu dieser Frage nicht äußern. Fürchtete er, sich in Gegensätze zu verstricken, oder hatte er nicht mehr die Kraft weiterzudenken. Ich habe es nie erfahren.

Der schwarze Vogel am Schwanz deutscher Maschinen schien es zu wissen. »Diese Welt orientiert sich nicht an der Hoffnung«, flüsterte er mir mit rauher Stimme zu, »sie bleibt dem Prinzip des Bösen verhaftet, der Angst und ihrer giftigsten Frucht, dem Hass. Die Faszination des Unbekannten, diese große Gabe des Himmels an den Menschen, scheut er, sie erfüllt ihn eher mit Grauen. Die heimliche Zuneigung des Menschen gehört dem Archaischen. Er bleibt dazu verdammt, des Menschen Wolf zu sein.«

»Komm«, schien er noch heiserer zu tönen, »steige nur ein in das Innere meines großen Stiefbruders, dieses metallenen Untiers, geschaffen nach den Vorstellungen des menschlichen Gehirns – am Anfang dieses vom Tode gezeichneten Jahrhunderts. Die erste künstliche Brut, du solltest dich daran erinnern, ließ sehr bald das Grauen vom Himmel regnen. Hast du das vergessen? Und die, die diese künstlichen, todbringenden Vögel steuerten, wurden als Helden gefeiert, in Ost und West.«

»Komm nur«, kam es aus ihm heraus, »hoch oben über den Wolken kannst du über die Erde nachdenken, darüber, wie Menschen, deine Schwestern und Brüder, diesen Planeten behandeln, als sei er nicht ihre Wiege, sondern ihr Feind, wie sie ihre Artgenossen hassen, wenn diese eine andere Sprache sprechen, anders essen, anders beten, anders glauben, anders verehren.

Komm, wach auf, laß ab von deinen Zukunftsvisionen und wende dich der Wirklichkeit zu, wie einst Jonas, der Prophet eines kleinen Volkes, das ihr Juden nennt, vor zweieinhalbtausend Jahren aufwachen mußte, im Bauch des Walfisches, um sich dem wahren Leben zu stellen, in seinem Fall, die korrupt gewordene Stadt Ninive zum Umdenken aufzufordern, und der sie so vor dem politischen Untergang bewahrte.Vielleicht solltest auch du für kurze Zeit Jonas werden gegenüber den Völkern im Herzen Europas, die eine große Verantwortung für das Schicksal der Welt tragen, eine Verantwortung, vor der sie zurückschrecken, weil sie erst einmal vieles an sich selbst in Frage stellen müßten. Wir hätten lieber eine Maschine der British Airways nehmen sollen, dachte ich, oder irgendeiner anderen, die nach London oder nach Manchester flog. Es war sicherlich ungerecht, so zu sinnieren. Ich wußte es, aber meine Gefühle wollten dem nüchternen Verstand nicht gehorchen.

Scheu richtete ich den Blick auf den rechten Platz. Da saß sie nun neben mir, hilflos, unendlich verwundbar, meine jüngste indische Tochter. Mit Vorliebe, ganz absichtlich, sprach ich von ihr immer als von meiner »indischen« Tochter. Man hatte es mir oft zum Vorwurf gemacht, Eltern, die wie wir ein indisches Adoptivkind großzogen oder zwei, drei. Für diese Eltern war es einfach »ihre« Tochter, »ihr« Sohn, wie jedes andere Kind – basta!

»Was soll das ›indisch‹«, tadelte man vorwurfsvoll. Aber ich ließ mich nicht davon abbringen. Für mich war es eine Art Kosename, ein Beiname, der mich immer daran erinnerte, daß sie ein Geschenk für mich geworden war und ein Geschenk bleiben sollte, in einem Alter, in dem man eigentlich keine Töchter mehr bekommt. Nur in Ausnahmefällen. Ich war ein solcher Ausnahmefall geworden.

Ob sie es auch so sah, hatte ich sie nie gefragt, aber ich fühlte es, es war so. Wenn sie das Wort »Papa« aussprach, sagten mir die Leute oft, war es, als hätte sie Honig auf den Lippen. Und meine Redaktionskollegen versuchten mir einzureden, daß meine Stimme sich verändere, wenn ich mit ihr sprach. Wenn sie mich anrief, meist, um mir »Gute Nacht« zu sagen. Das sei dann nicht mehr ich, der da sprach, das sei nicht der Mann, mit dem sie den ganzen Tag zusammenarbeiteten, der politische Probleme, Aufmacher, Textverteilung und Textverarbeitung mit ihnen diskutierte.

Nein, das sei ein Verwandelter, den sie beobachteten. Ich weiß es nicht und ich hatte nie ergründen können, was sie eigentlich meinten.

Behutsam legte ich meine Hand auf die ihrige, immer noch kleine, zierliche, fühlte die schmalen Finger. Beim Kleinkind hatten sie eher unbeholfen und unscheinbar gewirkt. Nun waren sie zart geworden von dem vielen Musizieren auf der Geige, die sie seit ihrem fünften Lebensjahr liebevoll spielte. In wenigen Wochen sollte sie ihren achtzehnten Geburtstag feiern, nach deutschem Gesetz mündig werden. War es wahr, was da mit uns ablief, wie von fremder, unheimlicher Hand gesteuert? Oder der war es nur ein Alptraum?

Ein deutscher politischer Publizist, vielen Spitzenpolitikern persönlich bekannt, der Zugang zu den Bundespräsidenten, Kanzlern und zu den Ministern dieser in der ganzen Welt bestaunten Republik hatte, ein Schriftsteller, der nicht nach hohen Auflagen schielte, sondern sich der Aufgabe verschrieben hatte, auf das Denken seiner Zeit einzuwirken – manchmal gegen den Strom – dieser Mann mußte im Januar des Jahres 1994 seine Tochter aus dem Herzen Europas ins Ausland schaffen. Nicht in Sicherheit bringen. So weit war es noch nicht.

Über viele Jahre hatten wir ihre Klagen nicht ernst genommen, beschwichtigt. In diesem Lande seien Vorurteile gegenüber Menschen aus anderen Kulturkreisen überwunden, sie existierten allenfalls in kleinen, unscheinbaren Nischen, versuchten wir ihr klarzumachen. Dieses Land habe sich in den letzten Jahrzehnten von Grund auf gewandelt. Die Verzweiflung in ihren Augen bei so viel Unverständnis wollten wir nicht wahrhaben. Wußten wir eigentlich, was wir da sagten? War diesem Lande nach dem Zusammenbruch im Jahre 1945 überhaupt eine Chance gegeben worden, sich zu wandeln? Wurde es nicht sehr bald von Ost und West umworben, mißbraucht, gebraucht in einem Konflikt, der die Welt fast ein halbes Jahrhundert gespalten hat? Wenn man einer bitteren Wahrheit nicht ins Gesicht schauen möchte, lassen sich Zweifel leicht unterdrücken.

Ein Glück im Unglück war es, daß sie ihr Land bereits am Anfang dieses verhängnisvollen Jahres verlassen mußte. Denn Vorgänge im Mai sollten das Mädchen auf der ganzen Linie bestätigen. Sie wäre dann an besänftigenden Worten aus unserem Munde vollends zerbrochen. Im Ostteil des Landes – in den neuen Bundesländern, die erst vor vier Jahren in den Genuß persönlicher Freiheiten gekommen waren – in der altehrwürdigen Stadt Magdeburg, sollten rechte Radikale Menschen wie Tiere durch die Straßen der Stadt jagen, farbige Menschen – wie auf diesem Kontinent sechzig Jahre zuvor Juden gejagt und getreten wurden, später Polen und Russen. Mit Schaudern und innerem Entsetzen würde ich flüchtige Bilder am Bildschirm verfolgen.

Im Dom zu Magdeburg ruhen die Gebeine eines der größten deutschen Kaiser, Ottos des Großen (912-973), und seiner Gemahlin, der vor tausend Jahren auf dieser Erde das Fundament für eine innere Ordnung in Zentraleuropa gelegt hatte. Nun würden rund um sein Grab Unordnung und Rechtlosigkeit triumphieren, Justiz und Polizei eher hilflos wirken und manche Bürger sich heimlich die Hände reiben. Der Polizeipräsident der Stadt würde naiv »Alkohol und Sonnenschein« für die Jagd auf Menschen verantwortlich machen. Aber ein Abgeordneter im Bundestag die Dinge ungeschminkt beim Namen nennen und der Justiz

»unglaubliche Milde und Nachsichtigkeit« gegenüber Extremisten vorwerfen und seinen Kollegen auf den Bänken, sowie der ganzen Gesellschaft, zurufen: »Diese Rechtsradikalen sind unsere Kinder!«

Überall im Lande bereitete man Gedenkfeiern zum 50. Jahrestag der Befreiung einiger einst berüchtigter Vernichtungslager vor. Nie wieder, so würden in ernsten Ansprachen Frauen und Männer mit großen Namen geloben, ja beschwören, dürfte sich auf deutschem Boden wiederholen, daß Menschen benachteiligt würden – nur weil sie eine andere Hautfarbe hatten, aus einer anderen Kultur stammten oder einer anderen Religion angehörten. Es würde nicht nur in meinen Ohren wie Musik von einem fernen Stern klingen.

Die bittere Wahrheit war, daß ich in jenem Jahr mein Kind ins Ausland bringen mußte. Oder war es mehr? War es nicht eine erzwungene Flucht, weg aus dem Herzen meines Landes, das dieses Mädchen so innig liebte.

Sie sprach ein wunderbares, sehr reines Deutsch, schrieb leidenschaftlich gern Briefe und kleine Geschichten. Manchmal staunten Menschen, denen wir begegneten und die sie in hilflosem Englisch anredeten. »Du sprichst ja bereits ein wunderschönes Deutsch«, kam es wohlwollend aus dem Munde der Überraschten. Das Staunen hatte seinen Grund, sprach das kleine Mädchen doch eine gepflegte Sprache, sehr häufig feiner, als es der Stil der Fragesteller war. Sie hatte nie eine andere gekannt. Es war ihre »Muttersprache«.

Jetzt sollte an einer deutschen Bildungsstätte kein qualifizierter Platz mehr für sie sein, obwohl sie ein feines Sprachgefühl besaß. Sie war ein Bücherwurm geworden und verfügte über eine ansehnliche Bibliothek. Kein Wunder. Unter dem Weihnachtsbaum, auf dem Geburtstagstisch waren auf ihren Wunsch hin vor allem Bücher zu finden. In der Schule hatte sie das Pech, kaum auf einen Lehrer zu treffen, der das zu würdigen wußte. Mit einer einzigen Ausnahme im zehnten Lebensjahr, wie sie rückblickend feststellen konnte. Man hätte den Eindruck haben können, als gehöre es sich nicht, daß eine Inderin ein makelloses Deutsch spricht. Es fielen mir die Klagen von Kindern ausländischer Eltern ein, die ähnliche Erfahrungen hatten machen müssen. Ich hatte es seinerzeit nicht geglaubt.

Das türkische Mädchen Nurai etwa, später Absolventin einer Fachhochschule und Ehefrau eines Arztes, hat auf dem Gymnasium ihren Deutschlehrer mit dem Duden in der Hand darauf aufmerksam gemacht, daß ihm ein peinlicher Rechtschreibfehler unterlaufen war. Der habe sie empört angeschaut und bemerkt: »Bist du nicht Türkin?« Wie konnte eine Türkin sich unterstehen, einem Deutschen nachzuweisen, daß sie ein besseres Sprachempfinden besaß als er. Und die aparte, hübsche Italienerin Marie-Angela berichtete mir verbittert, sie sei auf der Oberstufe in der ersten Stunde von einer Lehrerin mit den Worten begrüßt worden: »Bei mir kannst du nichts werden.«

Die Maschine hatte längst abgehoben und die freundlich lächelnde Stewardeß, blond und blauäugig, reichte uns ein belegtes Brötchen, von der Lieferfirma etwas lieblos zubereitet. Meine Tochter nahm es bedächtig auf, versuchte zu essen, schaffte nur ein paar Bissen. Wie konnte es anders sein. Nur mit Mühe konnte ich meine Gefühle beherrschen. Ich schloß die Augen. Vor meinem geistigen wurde jene Szene lebendig, die sich vor ein paar Tagen in meinem Arbeitszimmer abgespielt hatte.

# EINE GEBROCHENE ROSE

Gebeugt über dem Schreibtisch war ich gerade dabei, die nächste Nummer meines Informationsdienstes abzuschliessen, den ich zweimal im Monat herausgab, als meine Frau das Arbeitszimmer betrat, hinter ihrem Rücken unsere Tochter Meena. Die Gesichter verrieten bereits, was sich gleich über mich ergießen sollte. In der Hand hielt sie ein Blatt, das Halbjahreszeugnis, das sie am Morgen bekommen hatte. Sie besuchte die zwölfte Klasse eines Mädchengymnasiums.

In ihren großen, immer geheimnisvoll wirkenden Augen lag tiefste Verzweiflung. »Meena« pflegen die Inder Mädchen mit großen Augen zu nennen. In ihrem Fall entsprach der Name der Wirklichkeit. Manche Menschen wendeten den Kopf ab, wenn das Mädchen sie anschaute, als könnten sie den Blick nicht ertragen.

Wortlos nahm ich das verhängnisvolle Stück Papier in die Hand. Negativnoten in beiden Leistungs- und in einigen Nebenfächern. Das hieß, sie hatte bei diesen Lehrern und in dieser Schule keine Chance mehr, die Reifeprüfung zu bestehen. Wie sie sich das erkläre, fragte ich, bemüht, die Fassung nicht zu verlieren. Und dann kamen Worte, die wie Feuer in mir brannten.

»Es hat keinen Sinn«, stammelte sie gequält, »ihr glaubt mir ja doch nicht.« Ein Keulenschlag hätte nicht härter auf mich wirken können. Dieses indische Mädchen hatte eine so tiefe Beziehung zu ihren Adoptiveltern aufgebaut, daß sie damit oft Neid bei Altersgenossen und auch bei Eltern weckte. Sie liebte uns über alles und vertraute uns grenzenlos. Selbst die im allgemeinen kritischen Jahre der Pubertät hatten daran – den Eindruck hatte ich immer – kaum etwas geändert. Nun stand sie vor mir, rieb verzweifelt ihre beiden Hände aneinander. Ein Anblick, der mich bis in die letzten Stunden meines Lebens verfolgen wird.

An den eigenen kleinen Händen suchte sie verzweifelt Halt, von den Eltern erwartete sie demnach kein Verstehen mehr. Verlassen und einsam, wie am Tage ihrer Geburt, als sie im Morgengrauen unter einer Palme niedergelegt wurde.

»Welchen dämonischen Kräften ist es gelungen, zwischen diesem gefühlvollen Menschenkind aus dem geheimnisvollen Süden Indiens und uns einen Keil zu treiben? Es muß die Hölle selber gewesen sein«, schoß es durch mein Gehirn.

Niemals werde ich in Worte fassen können, was sich in jenen Augenblicken zwischen uns und unserem Kind abgespielt hat, was über uns und unter uns zusammenbrach. Nicht das widerliche Stück Papier war es, mit seinen für das Mädchen verhängnisvollen Zahlen. Jetzt stand viel mehr auf dem Spiel, als es Schulbildung, beruflicher Werdegang oder Karriere sein können, jene geheimnisvollen Bande nämlich, die zwischen uns Kindern des europäischen Kontinentes, der auf die Vielfalt seiner Kulturen und Sprachen stolz ist und stolz sein darf, und diesem Menschen aus einer uralten Kultur, einer der ältesten der Menschheit, gewachsen war. Enger und tiefer als es bei Blutsverwandten der Fall ist.

Eine panische Angst vor dem Verlust dieses Vertrauens ergriff mich, als ginge es nicht um das Schicksal einer Familie, einiger Menschen, sondern um eine Zukunftsvision der ganzen Menschheit.

Auf meinem Schreibtisch stand seit Jahren stets eine einzelne Rose. Sie steckte in einer kostbaren kristallenen Vase.

Ein Hochzeitsgeschenk meines Verlegers aus in Esslingen bei Stuttgart, Otto Wolfgang Bechtle. Ihm war zugefallen, eine schicksalhafte Rolle in ihrem Leben zu spielen. Er war es, der seinerzeit jenen Stein ins Rollen brachte, der am Ende dazu führte, daß ich mit meiner Frau auf dem Flughafen in Bangalore, im südindischen Bundesstaat Karnataka, ein indisches Kind in die ausgebreiteten Hände gelegt bekam.

Jede Woche brachte mir Meena aus der Stadt eine frische Rose und tat sie in die Vase. Wie sie nun vor mir stand, glich sie selber einer gebrochenen Rose, gebrochen, ehe sie die Chance bekommen hatte, voll zu erblühen. Noch wußte ich nicht, daß die Vase auf meinem Arbeitstisch fortan für immer leer vor mir stehen würde.

Lange schaute ich sie an, unfähig, ein Wort zu sagen. Dann kam es langsam von ihren Lippen, wie eine stockend vorgetragene Beichte: »Erinnerst du dich, Papa« – wieder dieses warme, schmelzende »Papa« – »erinnerst du dich an meinen ersten Schultag vor elf Jahren?

Damals hat alles seinen Anfang genommen, mit ein paar folgenschweren Worten. Damals, an jenem Tag, wurde dieses Land, das ich so sehr liebte« – sie hielt kurz an, fuhr dann fort, »eigentlich immer noch liebe –, damals wurde es für mich zu einem Tal der Tränen.« Und ob ich mich erinnerte! Ein dunkler Tag in ihrem wie in unserem Leben. Wie viele andere Abc-Schützen hatte sie sich auf ihn gefreut, ohne Angst, voller Erwartung. Groß allerdings war ihre Enttäuschung, als sie das erste Lehrbuch in die Hand bekam. Sie hatte das längst hinter sich gebracht, hatte bereits dreißig Bücher gelesen; Bücher wie das »Dschungelbuch«, alle Titel der schwedischen Kinderbuchautorin Astrid Lindgren.

Mit viereinhalb Jahren hatte sie lesen gelernt. Nicht abwegiger Ehrgeiz der Eltern war der Auslöser gewesen, sondern die tragische Situation ihrer um drei Jahre älteren Schwester Sumana. Bei dieser stellten sich kurz nach Eintritt in die Schule schwere seelische Schäden heraus. Die Pädagogen deuteten es als mindere Begabung. Wir vermuteten andere Gründe.

Erst Jahre später brachte uns ein renommierter Kinderarzt an der lokalen Klinik auf die Spur: In früher Kindheit war an dem Mädchen in Indien ein Mordversuch unternommen worden. Auf dem Subkontinent vor zwanzig Jahren kein seltener Versuch, sich eines lästigen Zukunftsproblems zu entledigen. Mädchen werden wegen der später zu zahlenden enormen Mitgift, obwohl offiziell verboten, als Unglück für die Eltern empfunden.

Die indische Regierung sah sich in den 90er Jahren gezwungen, Ultraschall-Untersuchungen vor der Geburt zur Feststellung des Geschlechtes zu verbieten. Viele ungeborene Mädchen hatten keine Chance, je das Licht der Welt zu erblicken. Vieles spricht dafür, daß bei Sumana die Sache tragischer gelöst werden sollte. Das frühkindliche Erlebnis hatte einen Verdrängungsmechanismus zur Folge. Er schlug sich sowohl beim Kurzzeit- als auch bei ihrem Langzeitgedächtnis nieder. Zehn Minuten nach dem Mittagessen konnte sie die Speisen nicht nennen, die sie eingenommen hatte. Alles, was sie vor dem fünften Lebensjahr erlebt hatte, war wie ausgelöscht.

Die vierjährige Schwester wurde nicht nur Zeugin der seelischen Tortur für alle Beteiligten, sie griff aktiv ein und lernte spontan lesen, um der älteren behilflich zu sein – mit nachhaltigem Erfolg übrigens. Der geweckte Eifer und das

Selbstvertrauen hatten zur Folge, daß ihre Kreativität sich auf andere Gebiete ausweitete. Meena lernte bald Schach und schon sehr früh mehrere Musikinstrumente spielen. Mit fünf Jahren die Geige. Als sie eingeschult wurde, sollte sich das alles als Hindernis herausstellen.

Nachdem wir das Entsetzen in den Augen des Kindes entdeckt hatten an jenem denkwürdigen Morgen im Frühling des Jahres 1982, faßten wir, meine Frau und ich, den Entschluß, dem zuständigen Lehrer die komplexe Problematik vorzutragen. Wir schlugen ihm vor, dem Kind die Möglichkeit zu geben, die erste Klasse zu überspringen. Wir fürchteten um die Spätfolgen einer sofort einsetzenden Frustration.

Der Mann empfing uns freundlich, aber sein Gesicht verdüsterte sich, als er von unseren Überlegungen hörte. Er wirkte betroffen. Nach kurzem Zögern sagte er bedächtig: »Das geht nicht.« Und es waren in erster Linie nicht die Vorschriften, die er ins Feld führte, sondern etwas, was uns beinahe um unsere Fassung brachte: »Das werden die Eltern der anderen Kinder, der ›deutschen‹ Kinder, nicht hinnehmen.«

Ihm schien zunächst nicht bewußt zu sein, was er gesagt hatte, welche folgenschwere Aussage das war, die ihm von den Lippen kam – gerade in diesem Lande, auf dem die Bürde eines Völkermordes lastete, der vom Rassenhaß gespeist wurde. Es wird sich nie feststellen lassen.

Die nächste Frage, die sich uns stellte, war die, ob diese Vorbehalte rein persönliche Gefühle widerspiegelten oder ob sie eine gesellschaftliche Grundstimmung ausdrückten. Denn der Mann mußte eine Antenne für Empfindungen der Menschen haben, mit denen er täglich zu tun hatte. Das würde seine Verantwortung zwar nicht kleiner, aber vielleicht verständlicher machen. Spätere Erfahrungen des Mädchens, auch an anderen Bildungsstätten, bestätigten eher die zweite Vermutung. Jedenfalls muß ihn eine Ahnung überkommen haben, daß seine so begründete Absage Folgen haben konnte.

Denn nach ein paar Tagen rief er an, um zu erkunden, wie wir die Situation sahen. Er zeigte sich zufrieden, als er hörte, daß wir auf keiner Sonderregelung bestanden. Wir wollten dem Kind eine Mauer der Ablehnung von allen Seiten ersparen.

Heute empfinde ich Mitleid mit ihm. Es kann die Tragik eines Individuums sein, ungewollt und unverschuldet zum Brennpunkt einer allgemeinen Krankheit zu werden, einer Kulturverirrung, einer entgleisten Zivilisation. Davor ist auf diesem Globus niemand gefeit, aber jeder sollte sich dessen bewußt sein, sollte darauf vorbereitet werden im Zeitalter wachsender weltumspannender Information.

So ließen wir es damals bei der angelaufenen Entwicklung, einer verhängnisvollen, wie ich jetzt einsehen mußte, bewenden. Elfeinhalb Jahre waren seither vergangen.

Lähmende Stille breitete sich in meinem Arbeitszimmer aus. In diesem Raum hatte ich gelesen, in mehreren Sprachen die Entwicklung der Welt verfolgt, geschrieben, politische wie gesellschaftliche Ereignisse kommentiert, manche vorausgesehen, mit namhaften Persönlichkeiten der Republik korrespondiert, Kontakte mit dem Ausland gepflegt. Mehrere Bücher verfaßt, Zukunftsvisionen entworfen in dem Glauben, die Welt um ein paar Millimeter weiterzubringen, für Versöhnung und Frieden gekämpft, für die Gleichheit der Geschlechter, der Rassen und Kulturen. Wir hatten uns bei dem Wunsch nach einem indischen Kind für ein Mädchen entschieden. Absichtlich für ein Mädchen. Im Indien jener Jahre sah man in ihnen in jeder Familie noch ein Unglück. Wir wollten einigen von ihnen die Möglichkeit geben, ihre Persönlichkeit, ihre Begabungen, ihre Kreativität voll zu entfalten.

Bei der Geburt weiterer Mädchen, hatte man uns erzählt, würden manche Väter Sand in die Hand nehmen und schlukken. Die Geste sollte die Aussichten der Eltern andeuten, wenn das soeben Geborene einmal im heiratsfähigen Alter sein und die Auszahlung einer Mitgift ins Haus stehen würde. Einer Mitgift, die den Vater nach arbeitsreichen Jahren um alle Ersparnisse und Sicherheiten bringen würde.

Vor mir stand ein erwachsenes, reifes, wissensdurstiges, aufgeschlossenes Mädchen. Nicht in Indien. Im wirschaftlich fortgeschrittenen, aufgeklärten Deutschland, das sich seiner Verfassung rühmte, die allen Menschen gleiche Chancen einräumte, sollte sie um ihre Zukunft gebracht werden. Schmerzverzerrt rieb sie in ihrer Verzweiflung die Hände aneinander.

Was hätte ich gegeben, ihr einen Teil der Leiden abzunehmen. Aber brach nicht auch in uns unter Qualen eine Welt zusammen, der Glaube an eine gerechte, menschenwürdige Zivilisation, in deren Namen wir sie einst an unser Herz gezogen hatten.

Schließlich durchbrach sie das Schweigen: »Diese Einstellung, lieber Papa, die am ersten Schultag über mich hereinbrach, hat mich durch all die Jahre begleitet, umgeben, eine Atmosphäre der Verneinung, der inneren Ablehnung, ständiger, gezielter Verunsicherung von oben und von unten – mit einigen wenigen Ausnahmen – in allen Klassen, in allen Schulen. Ich habe mich bei euch nie beklagt, wußte um euren Kummer, um eure Mühe, die Wunden in den Seelen meiner älteren Schwestern zu heilen.«

Diese ihre Schwestern hatten wir in einem Alter adoptiert, in denen sie keine Chancen mehr hatten, je ein Elternhaus zu finden. Sie waren »aussichtslose« Fälle. Für uns eine Herausforderung.

Meena hatte es beobachtet, die Freude über jeden Fortschritt bei uns und bei ihnen. »Ich wollte euch nicht zusätzlich belasten«, nahm sie den Faden wieder auf. »In diesem Lande wird man mich nie akzeptieren, dieses Land wird sich schwer tun, Brücke zu werden zwischen den Völkern Europas, sehr schwer. Ich liebe es, auch weil es euer Land ist, das Land meiner Eltern, aber für mich ist hier kein Platz, vorerst nicht.« Ihre großen Augen waren voll unendlicher Trauer.

Die »Augen Indiens«, hatte mir jemand ins Ohr geflüstert, als sie mir vor vielen Jahren auf einem Flughafen des Subkontinentes in die Hände gelegt wurde. Es war, als würde sich jetzt der ganze Kosmos in ihnen widerspiegeln, voll Trauer über die Verirrungen der Menschen auf dem »blauen Planeten«.

Ich fühlte mich wie in einem hohen Kirchturm eingeschlossen. Ihre stillen, zarten Worte drangen wie das Dröhnen gewaltiger Glocken an mein Ohr, die ein ganzes Land aufschrecken wollten, vor kommendem Unheil warnen. Würde dieses Land sie hören, sie hören wollen?

Ein wenig hilflos schaute ich Meena an. Unsere Blicke trafen sich. »Notfalls könnten wir dich auf ein gehobenes Internat nach Indien schicken«, sagte ich, »ich würde keine Kosten scheuen. Dort könntest du erst einmal zur Ruhe kommen.« Sie erschrak. Das würde vorerst Trennung von uns bedeuten, vom Elternhaus, an dem sie mit allen Fäden ihres Herzens mit großer Zärtlichkeit hing.

Sie schwieg einen Augenblick, dann meinte sie: »Wenn das sein muß, dann will ich aber allein nach Indien fliegen. Ich will euch keine neuen Bürden auferlegen.« Bei diesen Worten dachte ich, der Boden würde sich unter meinen Füssen auftun und mich verschlingen. Wie ein Ertrinkender rief ich ihr zu: »Das werde ich niemals zulassen! Ich lasse dich diesen schweren Gang nicht allein gehen.«

Meine Frau schlug vor, am nächsten Tag die Schule aufzusuchen. Einige der Lehrer kannte sie persönlich, hatte der Tochter sogar empfohlen, sich gerade diesen anzuvertrauen. Ein tragischer Fehlschluß, wie sich herausstellen sollte.

## KRISTALLNACHT

Nachdenklich schaute ich auf die gegenüberliegende Bücherwand meines Arbeitszimmers. In den obersten Regalen lehnten sie fein aneinander, Titel, die das Dritte Reich betrafen, den Nationalsozialismus, die Zeit kurz danach. Meine Frau, Historikerin, hatte sie dort eingeordnet, übersichtlich, griffbereit. Mich hatten diese Bände seit Jahren nicht sehr interessiert, ich war davon ausgegangen, daß sie eine Vergangenheit betrafen, die ausreichend aufgearbeitet war. Noch ahnte ich nicht, wie schnell mich diese Zeit einholen und beschäftigen sollte.

Am Morgen hatte sie den schweren Gang in die Schule angetreten. Was würde sie dort erfahren, auf welche Meinungen stoßen? Es muß ein bitterer Schritt für sie sein, dachte ich. Man konnte es fühlen, als sie beim Weggang verlegen lächelte. Sie hatte ihr Kind Menschen übergeben, an die sie glaubte, denen sie vertraute. Was würden diese ihr offenbaren? »Bis gleich!« sagte sie beim Abschied. Wie sehr würde sich unser Leben bei diesem »gleich« verändert haben.

Zwei kurze metallene Anschläge, die von draußen zu mir drangen, kündigten an, daß ihr Wagen in die Garage eingefahren war. Minuten später betrat sie das Zimmer. Diesmal allein. Sie wirkte blaß, verhärmt. Beim Schätzen ihres Alters griffen die Menschen meist daneben, mindestens zehn Jahre tiefer setzte man an. Es war nicht Höflichkeit. Sie hatte sich tatsächlich viel jugendliche Dynamik bewahrt. Jetzt wirkte sie um Jahre gealtert. Zaghaft bat ich sie, sich zu setzen, ahnte Unheimliches. Lange sagte sie nichts, schien eher den Tränen nahe.

Dann brach es aus ihr heraus, Worte, die nicht nur mich aufwühlten – die eigentlich dieses Land in seinen Grundfesten erschüttern müßten: »Weißt du, wie ich mich fühle?« Eine rein rhetorische Frage. »Ich fühle mich wie in das Jahr 1938 zurückversetzt, als sei die Zeit damals stehen geblieben. Fühle mich wie eine Jüdin, die gerade von einem Verhör kommt, von einem Verhör durch die berüchtigte Geheime Staatspolizei des Naziregimes.«

1938 – warum nannte sie gerade dieses Jahr? Es war das Jahr der Reichskristallnacht, der Nacht vom 9. auf den 10.

November, als in diesem Lande die Scheiben jüdischer Heiligtümer unter den Steinwürfen politischer Horden zerbrachen und die Gebäude danach in Flammen aufgingen. Diese Nacht machte den Weg frei für das spätere Vernichtungslager Auschwitz – und für viele andere.

»Nicht nur eine Welle von Unverständnis habe ich angetroffen, nein, es war mehr – es war eisige Kälte, Gefühllosigkeit.« Das Kind hat recht. Eine praktische Lehre ist das einzige, was man ihm zutraut. Keine Musik, keine Literatur, keine Kreativität. Dankbarer Almosenempfänger, stupider Kopfnicker soll sie bleiben, ein Leben lang. Seit heute morgen weiß ich, daß es noch lange währen kann, bis sich in diesem Lande für sie Möglichkeiten eröffnen, eine glückliche Persönlichkeit zu werden. »Sie hätte die Schule«, so sagte man mir, »längst verlassen müssen, wie andere auch. Wie wurde es denn begründet?«

Die letzten Arbeiten sind tatsächlich eine Katastrophe. Ich habe sie eingesehen. Sie muß der geistigen Umnachtung sehr nahe sein. So weit haben sie es mit ihr gebracht. Auf meine geäußerte Befürchtung, sie könnte sich in ihrer Vereinsamung etwas antun, habe ich nur Hohn geerntet.

Diese Befürchtungen waren so abwegig nicht. Das Mädchen hatte uns inzwischen über ihre letzten Erfahrungen gerade mit dieser Lehrkraft berichtet, hatte ihr unlängst eine Hausarbeit vorgelegt. Die Lehrerin mußte zugeben, daß diese sehr gut ausgefallen war, aber sie wies sie mit der Bemerkung zurück: »Das hat Dir deine Mutter geschrieben.« Eine horrende Unterstellung.

Der Zufall hatte es gewollt, daß Meena gerade diesen Aufsatz nicht daheim, sondern am frühen Morgen in aller Eile in der Schule – vor den Augen ihrer Mitschülerinnen –

verfaßt hatte. Sie hatte es am Vorabend vergessen. Aber niemand stand nun auf, um Zeugnis abzugeben für die dunkelhäutige indische Mitschülerin. Sie blieb allein, einem grausamen Vorwurf ausgeliefert. Ein Vorwurf, hinter dem sich mehr verbergen mußte: gnadenlose Ablehnung.

»Diese Art von Pädagogik, penetrant angewandt, kann einen Schüler in den Wahnsinn treiben. Um wie viel mehr, wenn dieser sich über Jahre hinzieht«, warf ich ein. »Dieses sensible Kind muß in einer Hölle gelebt haben. Und wir, denen sie vorbehaltlos vertraute, haben nichts geahnt.«

Gegen praktische Ausbildungen hatten wir keine Vorbehalte. Im Gegenteil. Eine unserer Töchter hat eine Lehre als Köchin absolviert, ehe sie die Reifeprüfung ansteuerte und später die Fachhochschule. In vorliegenden Fall sollte es jedoch etwas ganz anderes sein, eine Zurückweisung, eine Zurückstufung.

Mir schoß durch den Kopf, was wir am ersten Schultag vor zwölf Jahren gehört hatten: Auf keinen Fall darf eine Inderin besser sein als ihre deutschen Mitschüler. Das würde man hier nie hinnehmen! Würde man es wirklich nicht? fragte ich mich schon damals. War es nicht eine vereinfachte Sicht? Zutreffender wäre gewesen zu sagen: Manche, einige würden es nicht hinnehmen wollen! Eine sozial unreife, kurzsichtige Minderheit.

Aber können einzelne Kurzsichtige in der Politik nicht ein Meer von Leiden über ganze Völker bringen?

War es nicht jener Grundtenor, der einen Wahnsinnigen vor wenigen Jahren in Hamburg dazu brachte, während eines Turniers auf den amerikanischen Tennisstar Monika Seles einzustechen um sie als Konkurrentin der Deutschen Steffi Graf aus dem Feld zu räumen?

Meine Frau war selbst Absolventin dieser Schule, hatte an ihr die Reifeprüfung abgelegt. Letzter Anker schien ihr die Leiterin zu sein, eine Ordensfrau. Zwar konnte und wollte diese in die aktuelle Situation nicht eingreifen, aber von ihr kam der befreiende Hinweis, das Mädchen für einige Zeit in eine Schule nach England zu schicken, zu der man Kontakte unterhielt. Über die tiefere Symbolik ihrer Empfehlung – gerade in diesem Fall – war sie sich nicht im klaren. Aber es muß eine Eingebung nicht von dieser Welt gewesen sein.

Am Nachmittag rief ein Lehrer bei uns an und entschuldigte sich diskret für die Schule, für das Verhalten einiger seiner Kollegen, für sein eigenes. Es sei ein peinlicher Vorfall, eine Fehlbeurteilung, stammelte er. Er habe sich selbst in dieser Situation überfordert gefühlt, stotterte etwas von Computern, von mangelnder Abstimmung, fehlender Übersicht. Den Gedanken, vor das Verwaltungsgericht zu gehen, ließen wir nach kurzer Überlegung fallen. Dem psychisch zerrütteten Mädchen weitere Belastungen zuzumuten, war nicht zu verantworten.

Nun hatten wir zwei seelisch verwundete Menschen im Hause – zur Tochter kam meine Frau. 35 Berufsjahre hatte sie hinter sich gebracht, hatte als Historikerin, Germanistin versucht, den Blick von Schülern und Lehranwärtern zu schärfen, sie für politische Gefahren schon in den Anfängen zu sensibilisieren, demokratische Reife in ihnen zu stimulieren, sie für eine Vision von Völkerverständigung, Völkerversöhnung, von einem endgültig befriedeten und vereinten Europa zu gewinnen und zu erziehen.

»War das alles umsonst«, stöhnte meine Frau. »Wird der Virus, den Friedrich Nietzsche vor hundert Jahren in die Welt gesetzt hat, der Alptraum vom germanischen Übermenschen, nie auszurotten sein? Wird er die Seelen in Europa weiter zersetzen, sich das Leben auf diesem Planeten am Ende selbst zerstören lassen?«

Dann schlug sie die Hände vor dem Gesicht zusammen. »Haben wir uns und die Welt betrogen? Sind wir dazu verdammt zu bleiben, was wir in diesem Jahrhundert schon einmal waren: Verhängnis für alle.«

Im Herbst seines Lebens festzustellen, daß man vergeblich für ein großes Ideal gelebt, Opfer gebracht, gearbeitet hat, muß ein bitteres Gefühl sein. Sollte man, wie andere, auf der spanischen Insel Mallorca, in der Karibik oder auf dem Kreuzfahrtschiff »Europa« Vergessen suchen? Das war nicht ihre Welt, nicht ihr Lebensstil.

Um der Qual ein Ende zu setzen, sagte ich kurz entschlossen: »Also – auf nach England!« Dann fragte ich per Fax bei der Schulleitung in Nordengland an, ob und wann ich mit unserer Tochter vorsprechen dürfte, schilderte kurz den Sachverhalt. Die Antwort kam prompt, in sehr freundlichem Ton, mit Angaben der Flugverbindung von Deutschland nach Manchester und der anschließenden genauen Autoroute. Ferner die Ankündigung eines Schulprospektes, der per Post auf den Weg gebracht werden sollte. Über den dünnen Draht der Telefonleitung wehte uns ein anderer Wind entgegen. Es war unverkennbar.

Jetzt saßen wir in der Maschine. Ich versuchte einen Blick aus dem Fenster zu werfen. Eine dichte Wolkendecke verhinderte jede Sicht. Da informierte der Kapitän die Gäste, daß wir gerade dabei waren, den Kanal zu überfliegen.

»Der Kanal!« wiederholte ich flüsternd. Meena warf mir einen erstaunten Blick zu. »Mit diesem Kanal, Meena, verbinden mich trostreiche Vorstellungen aus meiner Jugendzeit: An diesem Kanal scheiterten die Armeen von Adolf Hitler«. Sie nickte mit dem Kopf, kannte sich in der Geschichte des Dritten Reiches und des Zweiten Weltkrieges gut aus.

»Hitler, der sich ganz Europa unterwerfen wollte. Dieser Kanal erwies sich im Sommer des Jahres 1940 als letzter Schutzschild für einen Kontinent, der in die Sklaverei verschleppt werden sollte. Er war letzte Hoffnung für alle damals in Europa unterjochten Menschen, auch für meine Familie.« Nach einer kurzen Pause fügte ich hinzu: »Vielleicht wird er auch für dich zum Rettungsanker.«

Sie lächelte nur bitter; sie hatte den Glauben an die Pädagogik, jedes Vertrauen zu Lehrern restlos verloren. Würde sich das je korrigieren lassen, dachte ich. Und wenn, dann würde es lange dauern. Wunden, die über Jahre geschlagen wurden, heilen nicht in wenigen Monaten. Wir schwiegen beide, ein jeder hing seinen Gedanken nach. Traurigen Gedanken.

Eine halbe Stunde später rief uns der Lautsprecher in die Wirklichkeit zurück. Wir wurden auf die Landung vorbereitet, wurden gebeten, uns anzuschnallen. Noch ein paar Minuten, dann würden wir wieder Boden unter den Füßen haben. Plötzlich stieß mich Meena aufgeregt an, zeigte aus dem Fenster. »Wir landen ja gar nicht, Papa, wir fliegen knapp über den Flughafen hinweg!« Es war so! Ich sah das Abfertigungsgebäude, parkende Maschinen, spürte unsere Maschine wieder anziehen. Schlimmste Befürchtungen kamen auf. Hatte das Fahrgestell versagt?

Das Flugzeug zog eine große Schleife. In Gedanken sah ich uns schon auf einem Schaumteppich landen, in aller Eile durch Notausgänge aus der Maschine rutschen. Auch das noch. Sollte das Mädchen immer nur vom Unglück verfolgt sein? Schließlich die beruhigende Stimme des Kapitäns. Man habe in letzter Sekunde wieder Höhe gewinnen müssen, um einen Zusammenstoß auf der Rollbahn zu vermeiden. Dort hatte ein Flugzeug Probleme, rechtzeitig abzuheben.

Hoffentlich kein böses Omen, dröhnte es in meinem Kopf. Nicht unberechtigt – denn zwei Wochen später erfuhren wir in Indien, daß auf dem Flugplatz von Neu-Delhi eine aus Afrika kommende Maschine in eine noch auf der Startbahn stehende russische gerast war. Das hätte sich auch in Manchester ereignen können. Dem Reaktionsvermögen des Kapitäns war es möglicherweise zuzuschreiben, daß dort nicht das eintrat, was in der indischen Hauptstadt geschah. Beim Verlassen der Maschine ließ ich ihm unseren Dank ausrichten.

## »IPHIGENIE«

Der Leiter der Schule, Headmaster genannt, Mister A. F. Thomas, hatte uns über Skizzen und Erläuterungen gut vorbereitet. Vom Flughafen bogen wir mit dem Mietwagen auf die M 56 und einige Meilen weiter auf die Nordsüdroute, die M 6, ein. Schon nach wenigen Minuten hatte ich mich auf den Linksverkehr eingestellt. Die Landschaft rechts und links erinnerte ein wenig an die Rhön, aus der wir kamen, im Herzen Deutschlands. An Abhängen und Hügeln immer wieder verstreut Schafe, vereinzelte, paarweise oder in kleinen Herden.

Das Bild wirkte beruhigend, friedlich. Nach etwa siebzig Meilen sahen wir zur Linken die Normannenburg von Lancaster – heute Universitätsstadt. Der Name ist allerdings vielen in Deutschland eher als Bezeichnung für den Typ eines britischen Kampfflugzeuges aus dem Zweiten Weltkrieg bekannt. Ein paar Meilen weiter, an der Ausfahrt Nummer 36, biegt man nach Westen in den Lake District ein, für viele Engländer die schönste Landschaft der britischen Insel.

Wir drehten zur A 65 ab, in Richtung auf das Hochland von Cumbria. Schließlich das kleine, malerische Städtchen Kirkby Lonsdale. Hinter der Stadt, an der alten »Teufelsbrücke«, ging es weiter auf der A 683. Nach anderthalb Meilen waren wir in Casterton. Zur Linken das liebliche Gasthaus »The Pheasant« – »Zum Fasan« – in dem wir zwei Tage wohnen und entspannt englische Atmosphäre geniessen sollten. Hundert Meter weiter rechts das Schulgelände, kein bombastischer Bau, sondern mehrere verstreut liegende Häuser.

Aus Versehen betraten wir das Verwaltungsgebäude nicht durch das Hauptportal, sondern durch einen Nebeneingang. Kaum fiel hinter uns die Tür ins Schloß, kam uns eine englische Lady entgegen. Miss Hill – wie sich herausstellte die Hauptbetreuerin der Schülerinnen. »Welcome Meena«, sagte sie freundlich und umarmte das Mädchen liebevoll. Das weckte Zutrauen, nahm ihr etwas von der inneren Unsicherheit. Man führte uns in ein antik, sehr dezent eingerichtetes Wartezimmer. Die Sekretärin brachte Tee und Gebäck und bat um etwas Geduld. Dann kam der Rektor selbst, begrüßte uns beinahe respektvoll. Kein Hauch von Arroganz, eher eine Haltung der Erwartung.

In kurzen Worten legte ich Meenas Situation dar, bat um einen Rat, machte kein Geheimnis aus ihren ersten Schulerfahrungen, die Jahre zurücklagen, aus ihrer vermutlichen Traumatisierung. Mister Thomas hörte wortlos zu, enthielt sich jeden Kommentars. Als ich fertig war, stellte er Meena ein paar Fragen. Dann schlug er vor, sie in jedem Fach von mehreren Lehrkräften testen zu lassen. Voraussetzung sei, daß ich nicht dabei sein dürfte. Wir stimmten zu.

Zwischen dem, was ich erleben durfte und den Eindrükken, die meine Frau wenige Tage zuvor in einer anderen Schule machen mußte, lagen Welten. Wenn das auch auf die politische Situation zutreffen sollte, hätte Europa noch lange keine Chance, ging es mir durch den Kopf. Die deutsche Führungsspitze hatte sich die baldige Verklammerung Deutschlands mit mehreren Ländern des Kontinentes zum Ziel gemacht. Aber war ihre Nation reif für diesen historischen Schritt?

Während das Mädchen geistig von allen Seiten nach seinen Fähigkeiten abgeklopft wurde, blätterte ich in einigen Büchern und Broschüren, die in die Geschichte der Schule einführten. Beklemmung legte sich auf meine Brust. Stil und Sprache der Darstellungen waren bescheiden, aber zwischen den Zeilen ließ sich herausfiltern, es war eine der anspruchsvollen Schulen des Landes. In den Gründerjahren im 19. Jahrhundert waren dort die später schriftstellerisch berühmt gewordenen Brontë-Schwestern erzogen worden. Damals nahm man dort nur Töchter anglikanischer Geistlicher auf. Das erklärt den hohen Anspruch. Inzwischen war vieles anders geworden, aber man weiß, was man der Tradition und dem Namen schuldig ist. War es nicht absurd zu glauben, Meena könnte hier eine Möglichkeit finden, unterzukommen?

Ein paar Stunden später ein zweites Gespräch im Zimmer des Headmasters. Man habe sie umfassend geprüft. Sie mache einen guten Eindruck, auf einige Lehrer gar, z. B. den Leiter der Musikabteilung, einen sehr guten. Und dann fielen ruhig und gelassen die entscheidenden Worte.

»I am happy to offer Meena a place in our Lower Sixth Form«, »ich bin glücklich, daß ich Meena einen Platz in der Oberstufe unserer Schule anbieten kann, mit dem Ziel, hier den A-Level, das Abitur, abzulegen.«

Wir müssen ein sehr versteinertes Gesicht gemacht haben, denn nach kurzer Pause fügte Mister Thomas hinzu: »Wenn Sie wollen, kann ich Ihnen das Angebot auch schriftlich geben.« Ich nickte nur stumm. Mir war schon lieb, das Unerwartete schwarz auf weiß in der Hand zu haben.

Der Brief schloß mit den Worten: »Wir hoffen, daß Meena in unserem Hause eine glückliche und erfolgreiche Zeit erwartet.«

Ich hoffte, der Mann möge sich nicht geirrt haben. Am liebsten wäre ich ihm um den Hals gefallen – ihm und ganz England. Wir wollten jedoch dabei bleiben, wie geplant, das Mädchen erst einmal für ein halbes Jahr nach Indien zu schicken. Für dieses Vorhaben zeigte man Verständnis.

In England denkt man global. Kennt die Probleme verschiedener Völker auf verschiedenen Kontinenten. Das gibt auch dem Blick des »kleinen« Mannes gelegentlich eine gewisse Weite. Im September 1994, mit dem Beginn des neuen Schuljahres, sollte sie in Casterton ihre mittlere Ausbildung wieder aufnehmen. Bis dahin, hofften wir, würde sie in Indien erst einmal entspannen. Seelische Verwundungen lassen sich in kurzer Zeit nicht heilen. Es kann Jahre dauern. Aber das Land bot ihr die Möglichkeit, zu sich selbst zu finden. Daß Lehrer und Erzieher sich grundsätzlich wohlwollend gegenüber Schülern verhalten, das lag vorerst außerhalb ihres Erfahrungshorizontes.

Wieder daheim, galt es Vorbereitungen zu treffen für eine lange, für eine weite Reise, langsam Abschied zu nehmen von Menschen und Landschaften. Faxbriefe nach Südindien gingen hin und her. Empfehlungen, Ratschläge, die Namen von Schulen und Internaten wurden genannt.

Ein dortiger Freund erklärte sich bereit, vor Ort persönlich zu sondieren. Schließlich war das passende Haus gefunden, ein Mädcheninternat im Zentrum der Stadt – sehr gefragt, sehr beliebt, jeweils bis auf den letzten Platz lange vorher reserviert von Mädchen aller Religionen und Kulturen aus ganz Indien. Geführt wird es von intelligenten, gebildeten indischen Ordensfrauen, die dem Gedankengut der heiligen Brigitta, der großen Mystikerin aus Schweden, verpflichtet sind.

Man kam uns großzügig entgegen. Diese Frauen hatten einen guten Instinkt. Es wurde später mehr daraus als ein flüchtiger Schulvertrag: eine tiefe, gegenseitige Verbundenheit.

Als sie drei Jahre später einmal in England die dortige Niederlassung der Schwestern bei London anrief, hörte sie eine jüngere Schwester der Oberin zurufen: »It is our Meena!«, »es ist unsere Meena.« Vorerst war dies noch dunkle Zukunft.

Auch die letzten Tage waren nicht ohne jene besondere Bitterkeit, die sie über Jahre auskosten mußte. Menschen versuchten, zu trösten, Klassenkameradinnen und – Ironie des Schicksals – selbst Lehrer meinten, sie gehöre nicht nach Indien, sie gehöre hierher, sei hier aufgewachsen, sei Deutsche, mit der deutschen Kultur auf das engste verbunden. Das hier sei ihre Heimat.

Aber Heimat verbindet sich mit Wärme, mit Zuflucht, mit Geborgenheit, mit Menschen, denen man Förderung und Hilfe verdankt, zu denen man Zutrauen faßt. Hat sie das je erfahren dürfen?

Wenn ich als Kind zur Weihnachtszeit in katholischen Kirchen die Krippen besuchte, standen dort oft kleine Opferbüchsen, in denen für die Mission gesammelt wurde. Auf manchen kniete ein afrikanischer Junge. Fiel nun die Münze in den Kasten, dann nickte der kleine, schwarze Knabe in weißem Gewand voller Dankbarkeit. Afrikanisches Nickmännchen – nannten wir ihn.

Wir hatten Meena einmal davon erzählt, vor Jahren. Jetzt kam sie darauf zurück.

»Das hier ist meine Heimat, sagen jetzt viele«, meinte sie. »Vielleicht haben sie aus ihrer Sicht sogar recht. Heimat für ein Nickmännchen, das zur malerischen Kulisse gehört. Aber nicht im Sinne von partnerschaftlichem Geben und Nehmen. Gönnerhaftes Getue ist kein Boden, auf dem heimatliche Gefühle wachsen!«

Langsam schweifte ihr Blick durch den ganzen Raum, als sie mir an einem Morgen in unserer gemütlichen Küche gegenübersaß – eine Bauernküche aus dem Hinterland von Danzig, meiner Heimat. Ein Verwandter hatte sie mir, Stück für Stück, gebracht und die einzelnen Teile zusammengefügt. Sie kannte jeden Gegenstand. Ihre Augen streiften über die handgemalten blumenartigen Verzierungen. An den baltischen Dichter Werner Bergengruen mußte man denken und an sein Weihnachtsgedicht über das Kaschubenland. Auf den Regalen Teller und Becher aus der dortigen Gegend.

Zehn Jahre zuvor, beim Besuch zum Geburtstag eines polnischen Schriftstellers, hatten wir von Warschau aus eine Stippvisite mit dem Flugzeug dorthin unternommen – jedes Stück an der Wand war für sie Erinnerung.

Plötzlich sagte sie: »Nie mehr werde ich in diesem Hause wohnen, immer nur Gast sein.« Tiefe Trauer lag in ihren Augen. Was konnten wir darauf entgegnen? Meine Frau stand am Herd und warf mir einen Blick zu. Ganz langsam fing ich an zu sprechen, Wort für Wort. Ich wollte, daß es wie Balsam in ihre Seele fiel, sie ganz durchdrang, bis an ihr Lebensende. »Du warst immer das Herz dieses Hauses, und du wirst es bleiben, solange wir leben. Nicht nur für uns, auch für deine beiden älteren Schwestern.«

In ihren Augen sah ich große, dicke Tränen. Sie schwieg. »Weine nicht«, sagte ich bittend. »Weine nicht um dich, weine um Deutschland, mein Kind. Um diese Menschen, die im Begriff sind, jetzt wohl endgültig ihr geistiges Erbe zu verspielen.

Ihr größter Dichter, Johann Wolfgang Goethe, war Weltbürger. Heute wollen manche ihn nicht mehr kennen, wollen über ihren Tellerrand nicht mehr hinausschauen. Dieses Deutschland, das du kennen gelernt hast, ist nicht Deutschland, mein Kind.«

»Kein gutes Beispiel, das mit Goethe«, warf sie nachdenklich ein. »Es erinnert mich an die ›Iphigenie auf Tauris‹, an die auf die Krim verbannte Königstochter – erinnerst du dich?« Zustimmend nickte ich mit dem Kopf.

Noch nach fünfzig Jahren konnte ich den »Ersten Auftritt« des Schauspiels aus dem Gedächtnis zitieren, das erste Stück überhaupt, das ich als Schüler während der Kriegsjahre in einem Hamburger Theater sehen durfte. Ich hatte es ihr einmal stolz aufgesagt. Jetzt griff sie die Verse auf:

»Heraus in eure Schatten, rege Wipfel
Des alten, heil'gen, dichtbelaubten Haines
Wie in der Göttin stilles Heiligtum
Tret ich noch jetzt mit schauderndem Gefühl
Als wenn ich sie zum erstenmal beträte
Und es gewöhnt sich nicht mein Geist hierher.

So manches Jahr bewahrt mich hier verborgen
Ein hoher Wille, dem ich mich ergebe
Doch immer bin ich, wie im ersten, fremd.«

Sie starrte vor sich hin. Dann meinte sie: »Hoffentlich werde ich ein solches Klagelied nicht in Indien singen.« Sie sollte es singen, sehr bald schon.

Mehr noch als Goethe lebte Beethoven in ihrer Seele. Ich hatte es beobachten können, wenn sie zur Geige griff und mit dem Bogen zärtlich über die Saiten strich – Friedrich Schillers Lied »An die Freude«, von Beethoven vertont und in die Neunte Symphonie aufgenommen. Was mußte sie jetzt dabei empfinden:

Freude, schöner Götterfunken,
Tochter aus Elysium,
Wir betreten feuertrunken,
Himmlische, dein Heiligtum.
Deine Zauber binden wieder,
Was die Mode streng geteilt,
Alle Menschen werden Brüder,
Wo dein sanfter Flügel weilt.

Seid umschlungen, Millionen!
Diesen Kuß der ganzen Welt!
Brüder – überm Sternenzelt
Muß ein lieber Vater wohnen.

Ein indisches Mädchen, das mit ganzem Herzen Beethoven spielte, das war insgeheim zum Ärgernis geworden. Sie hatte es oft gespürt, selten Unterstützung erfahren, war eher auf Widerstand gestoßen, auf Mißgunst.

Andere junge Menschen in ihrem Alter waren oft froh, wenn sie das Elternhaus verlassen durften, zogen in Wohngemeinschaften, fühlten sich der Clique verbunden. Bei ihr war es anders.

Sie liebte neue Eindrücke, Reisen, die Begegnung mit Menschen, aber zu unserem Hause hatte sie eine ungewöhnliche Beziehung. Es war die Quelle, aus der sie ihre Lebenskraft schöpfte, ihren Lebensmut, ein indisches Mädchen in einem deutschen Elternhaus.

Wir wußten es zu würdigen, spürten das Besondere dieser Beziehung, empfanden es manchmal als Vorwegnahme einer fernen Zukunft auf diesem Planeten. Es war etwas,

was wir nie ganz verstanden, eine Ahnung nur von der Möglichkeit einer besseren Welt.

Erst ein paar Wochen waren es her, da hatte ich eine Studiengruppe nach Südindien begleitet. Das Land, seine Kultur waren mir vertraut. Vor Jahren hatte ich mir die Muttersprache meiner Kinder angeeignet, das Kanaresische, das in einem der vier südlichen Bundesstaaten, in Karnataka, gesprochen wird.

Viele Reisen hatten mich zu den großen Stätten des Landes geführt, lange Zeit hatte ich mich zum Erstaunen vieler Inder für die Antike des Landes interessiert. Es war das Leben und Wirken des Thomas, des sogenannten »ungläubigen« – einer der Jünger Jesu, der seinerzeit vor zweitausend Jahren zum Subkontinent vorgedrungen war. Acht Jahre mühsamer Recherchen waren notwendig gewesen, bis ein Buch daraus wurde. Inzwischen sind es zwei.

Die Gruppe war beeindruckt, einige bezeichneten am Ende die Reise als den Höhepunkt ihres Lebens. Indien hatte sie fasziniert. Mich fesselt es immer wieder, wie eine zweite Heimat. Wie konnte ich kurz vorher ahnen, daß ich indischen Boden bald wieder betreten, wieder zurückkehren würde, unter tragischen Umständen?

Für meine Tochter war es die Fremde. Ein Jahr war sie alt, als wir sie in Empfang nahmen. Sie kannte das Land nur aus Büchern, aus der Literatur, aus meinen Erzählungen. Nun kam die Aufgabe auf mich zu, ihr die Beklemmung vor dem eigenen Land zu nehmen. Das ist nur möglich, wenn man Achtung vor den Menschen, vor ihrer Kultur, vor ihrer Andersartigkeit empfindet.

Ein merkwürdiges Gefühl überwältigte mich. Ich, ein Deutscher, sollte sie die Liebe zu Indien lehren. Mir war es ans Herz gewachsen, aber würde ich es auch vermitteln können, in einer für sie so aufwühlenden Situation?

## ZURÜCKGEWIESENE LIEBE

Und wieder stand ich mit ihr am Flughafen in Frankfurt. Siebzehn Jahre zuvor waren wir dort mit ihr gelandet. Ein überglücklicher Vater, eine selige Mutter, von Hoffnung beflügelt, mit diesem kleinen, uns anvertrauten Wesen hineinzuwachsen in eine Welt, die in der Vielfalt ihren Reichtum entdecken und ihn pflegen würde.

Noch einmal wollte sie mit ihrer Mutter sprechen. Bedächtig warf ich die Münzen in den Automaten, so, als wollte ich den Augenblick hinausschieben. Dann meldete sich meine Frau. Ihre Stimme klang gedämpft, so, als spreche sie durch einen Vorhang. Ich hatte keinen Zweifel, sie mußte gerade geweint haben.

Zögernd gab ich den Hörer an meine Tochter weiter. Allerletzter Abschied über das Telefonnetz. Der Versuch, sich gegenseitig aufzumuntern, ein Versuch, der nicht so recht gelang. Man konnte sich nicht belügen. Die Worte von beiden Seiten wirkten hilflos, wie ein Kind, das sich im Straßenverkehr verirrt hat und verzweifelt nach einem Ausweg sucht. Schließlich hängte sie ein, warf mir einen Blick zu. Sie hatte den gleichen Eindruck, fühlte über die

Entfernung hinweg den Schmerz der Mutter, einer Mutter, die sich in diesen Minuten wohl immer wieder fragte, was wir falsch gemacht haben könnten. Ein dumpfes Schicksal schien stärker zu sein als alle guten Absichten.

Nach langem Flug Landung in Bangalore, der großen, inzwischen modernen Metropole im Süden Indiens. Neugierig schaute sie beim Anflug aus dem Fenster. Flachland breitete sich auf der Hochebene aus. In der Landschaft vereinzelt Palmen, hier und da ein kleines Haus. Das also war das Land, aus dem sie kam. Ich schaute sie von der Seite an. Welche Gedanken mochten ihr durch den Kopf gehen – in diesem Augenblick?

Wie vor Jahren ging ich über dieselbe Piste und es erwartete uns derselbe Mann, der seinerzeit mit seiner Frau und einem Kind auf dem Arm auf uns zugekommen war mit den Worten: »Das ist Ihre Tochter.« Der Unterschied jetzt war der, daß ich nicht ein kleines Kind abholen, sondern ein erwachsenes Mädchen zurückbringen mußte. Ein Mädchen, für das kein angemessener Platz in einem Land sein sollte, das zu seiner wahren Heimat geworden war. Wenn es geheimnisvolle sadistische Kräfte geben sollte, die auf das Schicksal des Menschen einwirken können, sie hätten sich nichts Grausameres einfallen lassen können.

Dr. Raja Sekhar hatte gerade ein schönes Haus etwas außerhalb des Zentrums bezogen. Man hatte zwei Zimmer für uns freigemacht. Wir sollten uns wohlfühlen. Aber kaum waren wir da, zog sich Meena ins obere Stockwerk zurück. Kurz danach drangen die ersten Klänge nach unten. Für mich ein Zeichen, daß sie Trost suchte. Das Instrument, das sie so gut beherrschte, sollte ihr Halt geben. Die Welt, die wir betreten hatten, in der sie geboren worden war, mußte beklemmend auf sie wirken, trotz der Liebenswürdigkeit seiner Menschen.

Nach einer Stunde verstummte die Geige. Ich hörte Meena laut englische Verse rezitieren. Sie stürzte sich auf die englische Sprache. Für mich ein klarer Hinweis: Casterton in England war ihr endgültiges Ziel! Vergiß es nicht! Hier werde ich nicht bleiben.

Etwa zehn Tage wollte ich sie noch begleiten, um ihr das Einleben in die für sie fremde Welt zu erleichtern. Gemeinsam suchten wir jene Stelle im Zentrum der Stadt auf, wo sie im Morgengrauen vor achtzehn Jahren unter einer Palme gefunden worden war. Nachdenklich stand sie lange unter dem Baum – die Begegnung mit dem Mysterium ihrer Herkunft. In jenen Jahren pflegte man Kinder ganz woanders auszusetzen, wenn man sie loswerden wollte.

Ihr Blick schweifte zur gegenüberliegenden Kinderklinik, wohin man das Neugeborene gebracht hatte. Es muß eine kluge und umsichtige Frau gewesen sein, daß sie ihr Kind gerade an dieser Stelle niedergelegt hatte.

Freunde taten eine Privatschule für sie auf. Sie sollte in den sechs Monaten in die Grundlagen indischer Musik eingewiesen werden. Mehrere Lehrer hörten zu, als sie zur Einführung aus ihrem Repertoire klassischer westlicher Musik vorspielte, und zeigten sich am Schluß überwältigt. Sie klatschten begeistert, und es war ehrlicher Beifall.

Die Ordensoberin, Mother Margaret, und die Leiterin des Studienheimes, in dem Meena wohnen sollte, Sister Beatrice, erwiesen sich als sehr feinfühlig. Sie gaben ihr ein Zimmer mit einer Ärztin, die sich in einer der Kliniken von Bangalore auf ihren Facharzt vorbereitete. Das sollte ihr Selbstvertrauen stärken. Dem Hause angeschlossen ist das

Noviziat des Ordens, in dem der Nachwuchs auf sein zukünftiges Leben in der Gemeinschaft eingestimmt wird.

Wir waren überrascht von der großen Zahl. Blutjunge Mädchen, meist mit abgeschlossener mittlerer Schulausbildung, viele mit akademischem Abschluß. Eine Sängerin war unter ihnen, eine Spitzensportlerin und eine Chemikerin. Fast alle sprachen mehrere Sprachen und würden weitere im Laufe der Jahre im Orden dazulernen.

Im Sinne der heiligen Brigitta aus Schweden wollten sich alle der Meditation und der Gastfreundschaft widmen. Für viele von ihnen, wenn nicht für alle, eine kluge Wahl. Später konnte ich andere Häuser dieser Gemeinschaft kennenlernen und war oft erstaunt, zahlreiche starke, ausgeprägte Persönlichkeiten unter ihnen anzutreffen. Mich überraschte es deshalb nicht, daß Meena bald darauf drängte, das Haus unseres Freundes zu verlassen und in das Studienheim der Schwestern zu ziehen.

Um ihr den Rücken zu stärken und zusätzliche finanzielle Sicherheit zu geben, hatte ich kurz vorher auf einer Bank ein Konto für sie eingerichtet. Beim Anlegen der Karteikarte fragte der Abteilungsleiter: Sie sind sicherlich »non-resident«?

In Indien werden Bürger, die ausgewandert sind, auch wenn sie inzwischen eine andere Staatsangehörigkeit angenommen haben, weiterhin als Inder und der indischen Nation zugehörig betrachtet. Es sind lediglich »nicht in Indien, sondern im Ausland residierende Inder«.

Als Meena die Frage hörte, antwortete sie spontan, fast erschrocken: »Ich bin Deutsche!« Der Angestellte schmunzelte und versuchte ihr zu verdeutlichen, daß sie das natürlich aus ihrer Sicht sei, daß aber der indische Gesetzgeber das anders sehe. Erst als ihr klargemacht wurde, daß das sogar gegenüber ihren Adoptiveltern gelte, daß auch wir einen besonderen Status hätten, beruhigte sie sich etwas.

Mir hatte sie damit allerdings wieder bewußt gemacht, wie tief sie in der deutschen Kultur, in der deutschen Denkweise Wurzeln geschlagen hatte und wie grausam vor diesem Hintergrund das erscheinen mußte, was sie in den Jahren ihrer Kindheit und in ihrer Jugend an Verletzungen und Kränkungen hatte hinnehmen müssen.

Ein paar Tage nach unserer Ankunft sollte sie ihren achtzehnten Geburtstag feiern. Mit Beklemmung dachten wir beide daran – jeder auf seine Weise. Wir hatten uns die Feier in Deutschland anders vorgestellt, bereits Pläne gemacht, sie hatte bestimmte Wünsche geäußert. Das alles war hinfällig geworden. Nicht im »Goldenen Karpfen«, einem Nobelrestaurant der Stadt, oder einem anderen ähnlichen Hause würde sie die erreichte gesetzliche »Mündigkeit« feiern, wie ihre älteren Schwestern, mit der Familie und mit Freunden, sondern inmitten von Menschen, die sie noch kaum kannte.

Abermals erwiesen sich die Gastgeber zum Auftakt als ungemein feinfühlig. Im Eßzimmer der Gäste wurde eine kleine Feier arrangiert, eine große Geburtstagstorte und kleine Geschenke in der Mitte. Alle jungen Schwestern betraten den Raum – wohl um die dreißig schätzte ich –, reihten sich auf und sangen ein Lied. Eine Novizin von kleiner Statur, kleiner als Meena, überreichte ihr einen großen Blumenstrauß. Dieses Taktgefühl verschlug ihr den Atem. In Deutschland hatte sie oft darunter gelitten, unter den körperlich und seelisch stämmigen Mädchen das kleinste und zierlichste zu sein, jetzt sah sie, daß es im Süden dieses gewaltigen Subkontinentes viele zierliche Mädchen gibt und das wollte man ihr demonstrieren, ehe sie Gelegenheit hatte, darüber zu sprechen.

Der Tag des Abschieds kam. Wir leben in einer mobilen Welt, in der Menschen sich ständig trennen müssen. Und dennoch gibt es gewaltige Unterschiede. Abschied ist nicht gleich Abschied. Er kann gelegentlich leicht fallen. Wenn es der Absprung aus einer leidvollen Situation ist, ein Schluß-Strich, den man ziehen darf oder ziehen muß, eine Befreiung aus gesellschaftlichen oder familiären Zwängen.

Häufiger dürfte er jedoch mit Schmerz verbunden sein. Nicht selten mit tiefstem Schmerz. Etwa, wenn es ein Auseinandergehen für immer ist, eine unumkehrbare Trennung, dann kann das Herz bluten, lange, und die Seele dahinwelken. Manch ein Abschied wird nie verwunden.

Wir hofften, daß dies auf uns nicht zutreffen würde. Aber es gibt Situationen, bei denen man sich »Auf ein baldiges Wiedersehen« zuruft, ohne zu ahnen, daß es ein »Nimmerwiedersehen« wird. Insgeheim hatte sie, so gestand sie mir später, Zweifel gehabt, ob wir uns – durch einen Fluch des Schicksals – je wieder in die Arme fallen würden. Und der erste Brief, den wir von ihr erhielten, schloß mit innigen Grüßen und den bezeichnenden Worten »aus weiter, weiter Ferne«. Indien war »Ferne« für sie. Es klang wie ein Abschied für immer.

Vor den Augen der bewegten Schwestern drückte ich sie noch einmal an mein Herz. Dann riß ich mich los und ging, ohne mich umzuschauen, auf das Taxi zu, das am Tor auf mich wartete. Ich hätte heulen können wie ein Hund, denn wie eine armselige, aus einer grausamen Zivilisation ausgestoßene Kreatur kam ich mir in jenen Stunden vor, ein

Mann, der an die Versöhnung aller Menschen geglaubt hatte, der lebendige Zeichen setzen wollte und genau daran gescheitert war. Mein Gott, stöhnte es in mir, was tun die Menschen sich an?

Was tun sie ihrem Volke, ihrer Nation, was tun sie Europa, was tun sie ihrer jungen Generation an? Das Mädchen, das ich zurückgelassen hatte, war zwar nur ein Einzelschicksal, aber stand es nicht für viele auf diesem Kontinent, war es nicht von weitreichender Symbolik für die Zukunft Europas – vor allem Europas?

Die Geschichte hatte mich in der Tat eingeholt, die Jahre 1939 und 1940. Erinnerungen an eine vergiftete Kindheit in einer Stadt wurden wach, in der ich zur Welt gekommen war. Um ihretwillen war der Zweite Weltkrieg ausgebrochen, der 55 Millionen Menschen das Leben kosten sollte.

Während einer von der Sowjetunion provozierten Berlin-Krise in den 50er Jahren wurde der damalige Präsident der USA, Dwight D. Eisenhower, von einem Journalisten gefragt, ob er bereit sei, im Notfall Atomwaffen einzusetzen. Der ehemalige Oberbefehlshaber der Alliierten antwortete mit einer Gegenfrage: »Kann man eine Stadt mit Atomwaffen verteidigen?« Hinter diesen Worten stand eine andere Aussage: Kann man wegen einer Stadt einen weltweiten Atomkrieg in Kauf nehmen?

Ein anderer Mann, Adolf Hitler, hatte einige Jahrzehnte zuvor keine Hemmungen, im 20. Jahrhundert um der Stadt Danzig willen einen Krieg vom Zaun zu brechen, der weitaus mehr Menschen das Leben gekostet hat als die im August 1945 über Hiroshima und Nagasaki abgeworfenen zwei Atombomben. Und der überwiegende Teil der Menschen dieser Stadt hat ihm dabei geholfen, hat ihm zugejubelt.

Keine Rolle spielt dabei – was manchmal ins Feld geführt wird –, ob es nur Vorwand war für weitaus größere Ambitionen. Irgendwann tut man den entscheidenden Schritt. An diesem Schritt bleibt die Verantwortung haften. Das Gift der Volksverhetzung, des Rassismus, hatte die Menschen dieser Stadt blind gemacht für alle Gefahren. Ich habe es als Kind erlebt, und immer wenn ich daran denke, beschleicht mich noch heute das Grauen, als wäre die Zeit stillgestanden.

Das Ende dieses blutjungen, reinen und vertrauensseligen Mädchens in Deutschland, das ich gerade in Indien zurückgelassen hatte, es erfüllte mich mit tiefer Angst. Mit Angst um Deutschland, das sie mit ihrem ganzen Herzen geliebt hat. Schroff zurückgewiesene Liebe kann nicht zum Segen werden. Sind wir da, wo wir schon einmal waren? Wenn Menschen die Uhren der Geschichte zurückzudrehen versuchen, wird daraus immer ein Verhängnis.

# Kapitel II 1939

Freundlich sprach mich die Stewardeß der Indian Airlines an. Ich nahm sie nur wie durch einen Schleier wahr. Im hellgrünen Sari, den sie trug, wirkte sie anmutig. »Das edelste Gewand der Menschheit«, pflegen Inder, vor allem Männer, oft zu sagen. Aber ihre Stimme drang kaum an mein Ohr. Die Sinne wollten nichts mehr wahrnehmen. Meine Seele war leer, leer neben mir schien auch der Sitz, obwohl eine indische Mutter ihren kleinen Jungen dort in eine Decke gehüllt hatte.

Auf dem Hinflug hatte meine Tochter noch neben mir gesessen. Aber sie hatte ich auf dem indischen Subkontinent zurückgelassen, zurücklassen müssen. Jetzt flogen wir über dem Arabischen Meer, der Heimat entgegen. Der Heimat? Würde dieses Land für mich je wirklich Heimat sein können, ein Land, das mir mein Kind entrissen hat?

Zum Erstaunen der Bedienung lehnte ich das Abendessen ab. Eine Ausnahme. Im allgemeinen stürzen sich Fluggäste mit Heißhunger auf die erste dargereichte Mahlzeit. Bei mir wollte sich kein Appetit einstellen. »Könnte ich vielleicht eine Dose Bier haben?« bat ich. Ich wollte schlafen. Man brachte gleich zwei. Das stille Summen der Motoren trug ein übriges dazu bei, daß mich der Schlaf übermannte, ein unruhiger Schlaf.

Furchtbare Bilder wurden wach, Bilder jenes Tages, den man nach dem Kalender den 1. September 1939 nennt, als die Hölle losbrach für die ganze Menschheit – in meiner Stadt, die seit Jahrhunderten die Perle an der Ostsee genannt wird. Für mich verkörperte sie etwas anderes – Unheil.

Ein Unheil, das sie schließlich über 55 Millionen Bewohner dieser Erde gebracht hat.

Menschen sprechen oft vom schönsten Tag ihres Lebens, vom wichtigsten. Für die einen ist es die Hochzeit oder der Tag, an dem sie ihre große Liebe gefunden haben. Früher war es üblich, auch den Tag der ersten heiligen Kommunion zu nennen oder der Konfirmation. Seltsamerweise spricht man weniger vom dunkelsten Tag im Leben, an den man sich erinnern kann. Vielleicht deshalb, weil das Gedächtnis heilen will. Bei mir heilte nichts. Es war dieser eine Tag, der sich wie eine schwere Bürde für immer auf mein Leben gelegt hat. Eine Bürde, die oft jede wahre Freude überschattet hat. War es das unheimliche Gefühl, daß er sich wiederholen könnte?

Es war fünf Uhr morgens. Erschreckt sprangen wir alle aus dem Bett – mein Vater, meine Mutter, meine elfjährige Schwester, mein dreijähriger Bruder und ich, gerade erst zwölf Jahre jung. Ferner Kanonendonner ließ nichts Gutes ahnen. »Es geht los«, sagte mein Vater, während er sich hastig ankleidete. Einer weiteren Erklärung bedurfte es nicht. Seit Monaten, seit Jahren hatten wir die Flut eines sich hochschaukelnden Hasses um uns herum beobachtet. Wir lebten seit langem in einer Atmosphäre des Unbehagens, wie in der Nähe einer geheimnisvollen Höhle, in der ein feuerspeiendes Ungeheuer vermutet wird, das jederzeit aus seinem Schlupfwinkel auftauchen kann, um Verderben über die Erde zu bringen.

Mit zitternder Hand schaltete der Vater das Radio ein. »Hier ist der Reichssender Danzig.« Also nicht mehr der »Landessender Danzig«, sondern der »Reichssender«. Dann folgten Erklärungen. Der Freistaat hatte seinen Anschluß an das Dritte Reich erklärt. Damit war alles klar. Das würde Polen, das würden die Westmächte England und Frankreich nie hinnehmen. Dann hörten wir, daß es plötzlich nicht mehr um Danzig ging. Seit 4.45 Uhr waren deutsche Truppen dabei, auf breiter Front die Grenze nach Polen zu überschreiten.

Den Freistaat hatte Hitler nur zum Anlaß genommen, seinen Wahn von der Erweiterung des deutschen Lebensraumes nach Osten hin zu verwirklichen. Die Menschen um uns herum, die erdrückende Mehrheit, hatten »Heim ins Reich!« geschrien, an die Wände der Stadt gemalt, jetzt waren sie heimgekehrt, und kaum, daß es proklamiert worden war, wurde die Rechnung mitgeliefert. Sie hatten Hitler in die Hand gespielt. Aber das wollten sie im ersten Rausch nicht wahrhaben, wie ein Alkoholiker, der beim Anblick der Schnapsflasche alles andere verdrängt und gierig nach dem für ihn flüssigen Gift greift.

Wir wohnten in einem Reihenhaus, fünfzehn Einheiten nebeneinander, Rodenackerstraße Nummer acht. Das gleiche auf der gegenüberliegenden Seite. Verstohlen schaute meine Mutter aus dem Fenster, versteckt hinter den Gardinen. Die Straße blieb leer, die Fenster überall geschlossen. Auf der Rückseite des Hauses zum Garten hin lehnte sich mein Vater aus dem Fenster und schaute nach links und nach rechts. Er sah, daß das gleiche verstohlen auch manche Nachbarn taten. Die Mutter bereitete etwas zum Essen, fing an, Rucksäcke zu packen – für den Fall, daß man werde fliehen müssen, irgendwohin – sagte sie.

Aber wohin? Es war eher ein Vorwand, um die innere Aufregung zu verbergen. Telefone hatte man damals noch kaum. Mit Verwandten, Freunden, Bekannten in anderen

Stadtteilen, in der Innenstadt von Danzig, ließ sich kein Kontakt aufnehmen. Die einzige Verbindung zur Außenwelt blieb der Rundfunk, der einheimische und die ausländischen Sender, sofern man sie über Kurzwelle hereinbekommen konnte.

Mein Vater verfolgte regelmäßig den englischen Sender BBC in deutscher Sprache. Aber die Meldungen aus London waren noch knapp, für meinen Vater enttäuschend. Was die Eltern beunruhigte, waren die von Stunde zu Stunde euphorischer werdenden Nachrichten des lokalen, des »Reichssenders Danzig«, wie er sich seit den frühen Morgenstunden vorstellte. Er verbreitete eher düstere, beklemmende Siegerlaune.

Der Vater wirkte blaß, drehte sich eine Zigarette nach der anderen. Er hatte als Deutscher, verheiratet mit einer Polin, einer Kaschubin, bis zur letzten Stunde auf die zukunftsweisende Existenz des Freistaates gesetzt, in dem wir lebten. Sein politisches Dasein war von den Westmächten garantiert, mehr noch, vom Völkerbund in Genf, dem Vorläufer der späteren Vereinten Nationen. In seinem Namen residierte in der Stadt der Hohe Kommissar, Carl J. Burckhardt, ein Schweizer, letzte, höchste Instanz. Ein Staatsoberhaupt gab es nicht. Vor allem England war die Entstehung des Freistaates Danzig nach dem Ersten Weltkrieg zu verdanken.

Damals mußten Teile des Deutschen Reiches abgetreten werden, um die Neugründung eines polnischen Staates zu ermöglichen, den gegen Ende des 18. Jahrhunderts die damaligen Großmächte Rußland, Österreich und Preußen unter sich aufgeteilt hatten. Dieser neue Staat erhob Anspruch auf einen Hafen, und der sollte Danzig sein. Der damalige englische Ministerpräsident Lloyd George hielt es jedoch für untragbar, eine weitgehend von Deutschen bewohnte Stadt der Neugründung Polens zu opfern. Für England, das eher als andere in größeren Dimensionen zu denken gelernt hatte, war diese selbstbewußte Stadt durchaus ein Begriff. Im 15. Jahrhundert konnte sie an der Spitze der Hanse sogar einen Seekrieg mit dem britischen Inselreich wagen und gewinnen. Die Stadt unterhielt danach eine Vertretung in London.

Es war England, das die Unabhängigkeit des Freistaates verteidigte – erst gegen Polen, dann gegen Deutschland. Neunzehn Jahre waren seit seiner Gründung vergangen. Dieser kleine Staat von der Größe Luxemburgs sollte an seine frühere Geschichte als Freistaat anknüpfen. Menschen verschiedener Herkunft, verschiedener Kulturen, Traditionen, Sprache und Religion würden ein gemeinsames Zuhause finden und es unter Umständen sogar zu großem Wohlstand für alle bringen – wie das bei Kleinstaaten beinahe die Regel ist.

Aus diesem Grunde hatte mein Vater eine zweisprachige Erziehung seiner Kinder eingeleitet – deutsch und polnisch. Weltoffene Menschen sollten wir werden. Für die höheren Studien wollte er mich nach Oxford schicken. Das plante er, dafür sparte er.

»Wo bleiben die Engländer?« hörte ich meinen Vater stöhnen. »Wollen sie uns dieser wildgewordenen Meute ausliefern?« Sein großer Lebenstraum drohte sich in nichts aufzulösen. Nicht nur das. Aus dem Traum wurden gespenstische Alpträume. Denn in wenigen Stunden sollte sich zeigen, daß die kultur-politische Enttäuschung nicht alles war, was er verkraften mußte. Schon bald kam tiefste Entwürdigung für ihn und für seine Familie hinzu. Noch ahnte er nichts davon. Noch wußte er nicht, wozu seine Landsleute fähig sein konnten.

Aufgeregt zeigte meine Mutter aus dem Fenster: »Schau, da!« Zwei Männer in der Uniform der SS gingen durch die Straße und suchten offensichtlich nach einem bestimmten Haus. Vor der Nummer 13 blieben sie stehen. Dann gingen sie auf die Eingangstür zu. Sie läuteten nicht, sie stießen mit den Gewehrkolben an die Tür. Verstört öffnete der Hauseigentümer. Die Männer drangen ein.

Es dauerte nicht lange, da kamen sie heraus. In der Mitte Alfred Racki, ein Eisenbahner, ein Schwerkriegsbeschädigter, ein Mann, der im Ersten Weltkrieg für das Deutsche Reich gekämpft, der aber in den letzten Jahren nicht verschwiegen hatte, daß er mit dem Nationalsozialismus nichts im Sinn haben wollte und sich eher der Opposition zugehörig fühlte, an der Seite der Polen. Erhobenen Hauptes ließ er sich abführen.

Plötzlich strömten die Menschen aus ihren Häusern, klatschten Beifall – seine Nachbarn, unsere Nachbarn, mit denen man seit der Entstehung der Siedlung friedlich nebeneinander gelebt hatte. Eine Frau sprang vor – beschimpfte ihn. Ein kleiner Junge spuckte vor ihm aus, wandte sich dann grinsend ab und kam sich wie ein großer Held vor, von den eigenen Eltern seit langem auf Hass programmiert.

»O Gott, Paul, sie werden dich auch holen«, stöhnte die Mutter. »Komm, zieh dir für alle Fälle etwas Festes an.«

Es war eine kluge Vorahnung. Schon wenige Stunden später würde ich mehr wissen. In den folgenden Tagen hörten wir, daß man überall Menschen aus den Häusern geschleppt hatte, viele kannten wir, direkt oder dem Namen nach, Polen und vermeintliche Polen, Kaschuben und Juden, deutsche Oppositionelle, ehemalige Kommunisten, sofern sie nicht längst heimlich verschwunden waren.

Viele zerrte man kaum angezogen aus den Häusern, in Hemd und Hose, manche nur in der Unterwäsche. Und überall die gleichen Szenen. Die Menschen an den Straßen, durch die sie geführt wurden, klatschten Beifall, manche fluchten: »Saupack«, »Saupollacke«. Frauen spien. Hier und da goß man Abwasser über sie aus, auf Gebildete und Ungebildete, auf Handwerker, kleine Händler, auf Ärzte und auf katholische Priester. Auf die hatte man es besonders abgesehen.

Manche der Abgeführten hatten blutunterlaufene Augen, Beulen an den Köpfen, verklebte Hemden. Keine Schwerverbrecher, keine Kämpfer, gewöhnliche Bürger, die von ihrem Recht Gebrauch gemacht hatten, anders zu denken, anders zu reden, einfach anders zu sein. Sie waren schon bei der Verhaftung mit Gummiknüppeln bearbeitet worden.

Das war kein spontaner Volkszorn. Das war eine seit langem sorgfältig durchdachte und organisierte Aktion, jede Person registriert, jeder Person die bewaffneten »Betreuer« zugewiesen. Blankes Entsetzen ergriff manchen Verhafteten, als er unter den SS- und SA-Männern alte Bekannte wiederentdeckte – Nachbarn, Arbeitskollegen, Skatbrüder, Sportler, mit denen man Wettkämpfe ausgetragen hatte.

Nervös ging mein Vater auf und ab. Er war Deutscher, hatte uns Liebe zur deutschen Kultur vermittelt – wie uns die Mutter polnisch beten gelehrt hatte.

War das Kultur, was seine Kinder jetzt sahen – am Morgen dieses ersten Septembertages, am Morgen eines ungewöhnlich schönen Sommers in jenem Jahr? Der strahlend blaue Himmel wirkte auf mich dunkel, verlogen. Blau ist die Farbe der Treue. Wollte der Himmel uns verhöhnen? Dieser Tag war das Gegenteil von Treue! In der alten Hansestadt wurde er zum Inbegriff des hinterhältigen Überfalls auf ahnungslose Menschen, auf Idealisten, die an eine bessere Zukunft geglaubt hatten, auf Träumer wie meinen Vater, dem eine neue Art des Zusammenlebens vorgeschwebt hatte.

In der Wohnung über uns blieb es still. Dort wohnte ein kinderloses Ehepaar. Der Mann war bei der polnischen Post angestellt. Im Freistaat gab es eine solche auch, neben der Danziger Post. Heute eine Selbstverständlichkeit in vielen Ländern, damals ein Politikum. Seine Frau war vor einigen Tagen verreist – zu Verwandten nach Polen, vermuteten wir. Den Mann hatten wir am Abend in der gelbgrünen Uniform zu seinem Amt im Zentrum der Stadt weggehen sehen. Wir sollten ihn nie mehr zu Gesicht bekommen.

Die möblierte Dachwohnung im Hause hatten die Eltern an einen ledigen Schmiedemeister vermietet. Er spielte oft mit dem Vater Karten. Seit einiger Zeit muß er Mitglied der NSDAP gewesen sein. Beim Aufräumen hatte meine Mutter das Parteiabzeichen entdeckt. Nun war er verschwunden, schon einige Tage. Hatte er einen heimlichen Tipp bekommen über das, was bevorstand? Wollte er nicht bei uns angetroffen werden in der Stunde X? Oder hatte er uns auf Anweisung »von oben« seit einiger Zeit aus allernächster Nähe beobachtet? Jedenfalls war er nicht da. Er hätte sich gut für meinen Vater einsetzen können. Aber er war weg – und er tauchte nie mehr auf.

Dann läutete es an der Tür. Meine Mutter schaute erschrocken aus dem Fenster. Es war tatsächlich soweit. Sie sah zwei Beamte der Danziger Polizei, neben ihnen einen Eisenbahner – einen Arbeitskollegen des Vaters. Das Ganze war perfide eingefädelt. Jeder sollte eingespannt sein, wenn die Verhaftungswelle lief, Kollegen, Kameraden, Nachbarn.

Fassungslos standen wir drei Kinder hinter der Mutter. Wir hörten die Worte: »Sie sind verhaftet, folgen Sie uns!« Kein Haftbefehl, kein richterlicher Beschluß, kein Dokument wurde vorgelegt. Die Rechtlosigkeit zeigte ihre ersten Zähne. So sah der Anschluß aus, die Heimkehr ins Reich. Der Vater umarmte die Mutter, die Kinder – wortlos.

Leicht gebeugt sah ich ihn von dannen ziehen. Ein Anblick, den ich das ganze Leben vor mir hertragen sollte. Dem kleinen Jungen war, als ginge mit seinem Vater alle Hoffnung, aller Glaube an das Gute dahin.

Den Vater vor den Augen seiner Kinder verhaften, abführen, wehrlos, hilflos, nur weil er ihnen Achtung vor einer anderen Kultur, vor einer anderen Lebensweise, vor einer anderen Sprache beigebracht hatte – und das oft unter grossen Opfern. Das sollte den Lebensnerv des Kindes verwunden – für Jahrzehnte.

Aus einem der weiteren Nachbarfenster hörten wir höhnisches Gelächter. Dort wohnte ein Mann, der den Vater regelmäßig zur Arbeit begleitet hatte, ein Kranführer. »Paul«, hatte ich ihn oft rufen hören, »warte auf mich«, wenn mein Vater die Tür hinter sich schloß und zur Arbeit aufbrach.

Ich schaute auf die Mutter. Sie wirkte verstört, hilflos, verstand die Welt nicht mehr. Ich hatte Angst, sie würde den Verstand verlieren. Sie ging an den Küchenschrank, holte die Geldbörse und sagte: »Geh, schnell, fahr ins nächste Papiergeschäft und hol eine Fahne, damit wir sie hinaushängen können.« Sie meinte die Hakenkreuzfahne. Unser

Haus war tatsächlich eines der wenigen, an denen keine wehte. Mir stockte der Atem.

»Soll ich wirklich?« fragte ich zurück. Heimlich empfand ich es als Verrat an meiner bisherigen Erziehung. Aber ich sah die panische Angst in ihren Augen. Also gehorchte ich, nahm das Fahrrad und verließ das Haus durch die Hintertür, um über einen Gartenweg in die Nebenstraße zu kommen. Ich wollte möglichst niemandem aus dem nächsten Umfeld begegnen.

Im Geschäft fragte mich die Verkäuferin, eine Frau in mittleren Jahren: »Was, eine Fahne willst du haben? Habt ihr denn noch keine? Reichlich spät! Natürlich haben wir noch eine – für Nachzügler«, meinte sie, und strich das Geld ein. Danziger Gulden. Noch konnte man mit Gulden bezahlen. Erst in ein paar Tagen sollte die Umtauschaktion in Reichsmark erfolgen.

Auf dem Heimweg traf ich eine mir nur flüchtig bekannte Frau, sie winkte mich diskret heran, ich hielt an: »Mensch Junge, verschwinde nach Hause! Laß dich nirgends sehen! Vor einer Stunde haben sie einen deiner Klassenkameraden abgeholt«, zischte sie. »Sie haben ihn die ganze Zeit geschlagen. Einen Rothaarigen.«

Es war ein früherer Schulkamerad, noch aus der Grundschulzeit. Ich ging inzwischen aufs Gymnasium. Nach Monaten traf ich im Lager die Mutter des Jungen. Sie hatte nie mehr etwas von ihm gehört. Er war erschlagen und irgendwo verscharrt worden.

Mehr Männer als sonst trugen eine Uniform – der SA oder der SS. Wollten sie demonstrieren, daß sie den neuen Machthabern sehr nahe standen, daß sie teilnahmen an der neuen Ordnung? Ich mochte nicht hinsehen, hatte immer eine Abneigung gegen diese häßliche Bekleidung in Schwarz und in Braun. In jenen Jahren wußte man noch nicht viel von Farbenpsychologie, aber ihre Gesetze galten auch damals. Schwarz, die Farbe der SS, die Farbe der Verneinung. Die Totenköpfe am Kragen deuteten an, um welche Verneinung es sich handelte, um die Verneinung des Lebens, um das Bekenntnis zu einer Zivilisation des Todes.

Und braun, die Farbe der SA? Braun verrät Erdverbundenheit, aber auch das Animalische. Braunhemden nannte man sie – mit negativem Zungenschlag. Ein Ausbruch von Kräften, die von unten kamen, aus dem Bereich des Tierischen, das war es, was wir erlebten. Beides die Verneinung des Geistes.

Aus der Ferne hörte man dumpf den Kanonendonner der »Schleswig-Holstein«. Wieder wählte ich den Weg zwischen den Gärten, um zu unserem Haus zu kommen. Als ich in diesen einbiegen wollte, standen zwei Jungen in der Uniform der Hitlerjugend davor. Ich kannte sie. »Mach die Tasche auf!« befahlen sie verlegen. Sie schienen sich in ihrer Rolle nicht wohl zu fühlen. Ich hatte gelegentlich Fußball mit ihnen gespielt.

Aus einem Fenster hörte ich eine hysterische Frauenstimme: »Durchsucht ihn gründlich, das Schwein versteckt Waffen«, rief sie. Die Jungen wühlten in der Tasche und sahen die Hakenkreuzfahne. Die Verlegenheit auf ihren Gesichtern wurde noch größer. Sie nickten mit dem Kopf. »Hau ab!« Ungeduldig wartete die Mutter bereits auf mich, als könne die Fahne uns Schutz bieten oder alles wieder rückgängig machen. Als sie diese jedoch in den Händen hielt, stockte sie einen Augenblick, legte schließlich das Tuch wortlos weg. Sie wurde nie aus dem Fenster gehängt. Von der Warnung jener Frau, die ich getroffen hatte, sagte ich nichts.

Nach etwa einer halben Stunde meinte sie: »Fahr doch mal zu Tante Gertrud!« Tante Gertrud war eine jüngere, ledige Schwester meiner Mutter. Sie wohnte bei meinem verheirateten Patenonkel Franz, einem Bruder der Mutter. Ich fühlte Magendrücken, sagte jedoch nichts. Innerlich war ich froh, daß ich etwas tun konnte, etwas scheinbar Sinnvolles. Die Tanten wohnten im Ulmenweg im selben Vorort Langfuhr, etwa fünfzehn Minuten mit dem Fahrrad.

Ich war ein guter Radler, hatte jede freie Minute im Sattel verbracht. Aber so hektisch wie an diesem Tage hatte ich nie in die Pedalen getreten. Diesmal verließ ich das Haus über den Haupteingang, um nicht wieder Verdacht bei mißtrauischen Nachbarn zu wecken.

Vor dem zweistöckigen Haus, in dem die Verwandten wohnten, herrschte Stille. Erst nach mehrmaligem Läuten wurde die Tür zaghaft geöffnet. Tante Luzie, die Frau meines Patenonkels, stand in der Tür, kreidebleich: »Junge, was machst du hier?« Sie zog mich hinein, schloß eilig die Tür. Tante Gertrud kam hinzu, ihre Augen verstört. Hastig fragten sie nach meinem Vater. Als sie hörten, was geschehen war, wich der Rest von Farbe aus ihrem Gesicht. »Du lieber Himmel!«, kam es über ihre aschfahlen Lippen. »Auch Onkel

Franz haben sie im Morgengrauen abgeholt, die SS. Wohin haben sie die Männer nur verschleppt?« flüsterten sie, und dicke Tränen rollten über ihre Wangen.

Luzie war erst ein paar Jahre verheiratet. Ich hatte mich als kleiner Junge auf ihrer Hochzeit regelrecht in die Braut in Weiß verliebt und wich den ganzen Tag nicht von ihrer Seite. Gut, daß sie nicht wußte, daß es fast sechs Jahre dauern würde, bis sie ihren Mann wieder in den Armen halten würde, daß er vorher die Hölle mehrerer Konzentrationslager erleben sollte, bis er im Frühjahr des Jahres 1945 in Österreich von amerikanischen Truppen befreit werden sollte – durch die Torturen nicht um Jahre, sondern um Jahrzehnte gealtert. Ich spürte, daß sie nicht mehr wußten als wir, und verabschiedete mich hastig.

Über die Magdeburger Straße, eine Ringstraße, hinter der das Neubaugebiet von Langfuhr lag, in dem wir wohnten, fuhr ich heim. Immer wieder drang vom Hafen her der Kanonendonner des Panzerschiffes zu uns herüber.

In ferner Zukunft, über 40 Jahre später, sollte ich in der Barockstadt Fulda im Barkeller meines Redaktionskollegen Hans von Specht den berühmten Schriftsteller Günther Grass treffen. Er war auf Wahlkampftournee für die SPD und den damaligen Bundeskanzler Willy Brandt. Wie ich stammte auch er aus Danzig und hatte darüber eine Trilogie verfaßt. Im Laufe des Abends kam ich mit einer Frage heraus, die mir lange auf der Zunge gebrannt hatte. Ich wollte wissen, was er am Morgen des 1. September 1939 in Danzig getan hatte. Er wußte es noch.

»Oh«, sagte er, »ich war auf dem Wege zum Hafen, auf der Suche nach Granatsplittern.« Dann war er unter Umständen sogar an unserem Hause vorbeigezogen – ging es mir durch den Kopf. Der Glückliche! Er konnte damals nach Jungenart seelenruhig Granatsplitter suchen. Mir stand der Kopf nicht danach – ich jagte mit Entsetzen in der Seele durch die Straßen von Langfuhr, um Hiobsbotschaften zu sammeln.

Immer wenn mir jemand in der zweiten Hälfte dieses Jahrhunderts in der Bundesrepublik sagte, er stamme aus Danzig, erhob sich in mir die Frage, die ich nicht, wie gegenüber Günther Grass, auszusprechen wagte: »Was haben Sie, Ihre Eltern, Ihre Großeltern am 1. September 1939 in Danzig getan?«

Ich stellte sie nicht Horst Ehmke, Minister im Kabinett der sozialliberalen Koalition unter Willy Brandt, mit dem ich einmal in Bonn in seinem Ministerium ein Interview für meine Zeitung durchgeführt habe. Und ich habe sie nicht an Renate Laurien richten können, die langjährige Berliner Senatorin. Und an viele andere nicht.

Meine Mutter zeigte sich kaum überrascht, als sie hörte, was ihrem Bruder widerfahren war. Monate vorher – der Naziterror in der Stadt ließ keinen Zweifel mehr zu, daß der »Kampf um Danzig« das Risiko einer kriegerischen Auseinandersetzung in sich barg – hatte sie in einem Anflug von Zukunftsangst den Vater überreden wollen, nach Schweden umzusiedeln. Die Pläne wurden schnell fallen gelassen. Der Vater beruhigte sie mit dem Hinweis auf die Garantien der Westmächte für den Freistaat, auf den Beistand Englands und Frankreichs, auf die Angst vor dem letzten großen Schritt auch in Berlin. Außerdem hatten diese schlichten Menschen die militärische Stärke Polens höher eingeschätzt. Im Grunde ein unverständlicher Irrtum. Wie sollte ein gerade erst 21 Jahre existierender Staat, der mehr als

120 Jahre lang von der Landkarte Europas verschwunden war, in nur zwei Jahrzehnten Verteidigungskräfte aufbauen, um einem Reich entgegenzutreten, das zu den größten Industrienationen der Welt zählte?

Um die dahinschleichende Zeit auszufüllen, setzte ich mich an das Radiogerät und schaltete den britischen Sender ein. Der Vater hatte es jeden Tag getan. Inzwischen ein gefährliches Unterfangen, denn kurz zuvor war mit der Botschaft von der Einverleibung Danzigs in das Großdeutsche Reich bekanntgegeben worden, daß ausländischer Rundfunk unter Androhung der Todesstrafe nicht mehr gehört werden durfte.

Ich hielt den Atem an, als der Sprecher mitteilte, daß London und Paris Adolf Hitler ein Ultimatum gestellt hatten, sich bis zum 3. September 1939, 12.00 Uhr – Paris nannte 18.00 Uhr – aus den inzwischen besetzten polnischen Gebieten und aus Danzig zurückzuziehen. Andernfalls würde man sich im Kriegszustand mit Deutschland befinden.

Zum ersten Mal kam an diesem Tag Hoffnung in mir auf, das Ganze würde sich bald als ein vorübergehendes Abenteuer erweisen, dem die Westmächte einen Riegel vorsetzen konnten. Meine Mutter tröstete es nicht. Ihr weiblicher Instinkt ließ sie etwas ganz anderes ahnen.

Und wie sehr sollte sie noch am selben Tag recht bekommen. Eine kleine, etwas untersetzte, blonde Frau um die dreißig stand in der Tür. Sie wirkte sehr verängstigt, so als wollte sie nicht gesehen werden. Ich erkannte sie sofort. Sie kam vom Fischmeisterweg aus Neufahrwasser. Dort hatten meine Großeltern ein wirtschaftliches Anliegen von der Hafenverwaltung gepachtet, das die Großmutter Marianne nach dem Tode ihres Mannes weiterführte.

Das Haus lag direkt am See, umgeben von einem großen Garten voller Obstbäume. Es war einst ein Herrensitz. Aber im Zuge der Verstädterung des Gebietes, das an der alten Weichselmündung lag, war immer mehr Land verlorengegangen.

Übrig blieben nur der Garten und ein paar Hektar Land in unmittelbarer Nachbarschaft einer stillgelegten Zuckerfabrik, deren schlanker Schornstein tot in die Gegend starrte. Mit Hilfe eines älteren Bruders und dieser jungen, unverheirateten Frau aus der Kaschubei bewirtschaftete sie das Anliegen. Elf Kinder hatte sie zur Welt gebracht. Drei unverheiratete Söhne und eine ledige Tochter wohnten noch bei ihr. Ein paar hundert Meter weiter lebte eine weitere Tochter mit vier kleinen Kindern.

Als sich die Tür hinter der jungen Frau schloß, brach sie in Tränen aus, berichtete von einem Kommando der SS, das mit aufgepflanzten Bajonetten im Morgengrauen in das Haus eingedrungen war, um alle Männer mit Schlägen aus dem Haus zu treiben, dann mit hocherhobenen Händen – wie Schwerverbrecher – abzuführen. Auch in diesem Fall erkannten die gewaltsam Verschleppten unter den Männern des Kommandos alte bekannte Gesichter.

Meine Mutter blickte sie versteinert an. Damit waren in den Morgenstunden vier ihrer Brüder abgeführt worden. Ich hatte das Gefühl, als habe sich über den westlichen Hügeln der Stadt eine Riesenkrake niedergelassen, mit den Runen der SS oberhalb ihrer kalten Augen. Und immer, wenn sie einen Arm ausstreckte, hatte sie jemand aus der Familie umklammert.

Am nächsten Tag erfuhren wir, daß ein weiterer Bruder der Mutter, Vater von zwei Kindern, das Schicksal seiner

Brüder am 1. September hatte teilen müssen. Der Grund war bei allen der gleiche: Sie arbeiteten bei der Eisenbahn, die in Danzig unter polnischer Verwaltung stand. Und sie gehörten nicht dem deutschen Berufsverband an, weil dieser unter nationalsozialistischem Einfluß stand. Darüber hinaus verhielten sie sich eher zurückhaltend, besuchten häufiger den polnischsprachigen als den Gottesdienst in deutscher Sprache.

Das wurde ihnen an jenem Tag zum Verderben. Ich sehe sie noch vor mir – Franz, meinen Patenonkel, Bruno, ein Fußballfan und immer zu Späßen aufgelegt, Johann, still und schwermütig, Josef, voll Sehnsucht nach der Seefahrt und der fernen Welt, und Alois, der Jüngste, ein wenig übermütig und nicht viel älter als ich.

Unbarmherzig griffen die Arme des Tintenfisches auch nach allen deutschen Männern, die in die Familie hineingeheiratet hatten. Das war zuerst Paul, mein Vater. Sein eigener war vorsorglich Parteigenosse geworden. Dann kam Erich, der den Reizen einer der Pionk-Töchter erlegen war. Seine Brüder hatten ihn gewarnt. Ihr Herz schlug für den Nationalsozialismus. Schließlich Arthur, Binnenschiffer aus Leidenschaft.

In die Fänge des Ungeheuers geriet auch der Großonkel Bruno, Vater von drei Kindern. Er starb einige Jahre später im berüchtigten Konzentrationslager Mauthausen in Österreich. Der Lebenswille war erloschen. Nach seiner Verhaftung im Stadtteil Reichskolonie wurde die Familie aus der Wohnung gejagt. Die Frau fand mit ihren drei Kindern einen Steinwurf weiter Zuflucht bei der Schwester ihres Mannes. Großherzig erklärte diese sich an jenem dunklen Septembertag bereit – sie war übrigens die Patentante meiner

Mutter –, in ihre kleine Zwei-Zimmer-Wohnung eine zweite Familie aufzunehmen. Für ein paar Wochen, dachte sie. Es wurden vier Jahre daraus.

Den Söhnen dieser gastfreundlichen Familie gelang es, sich rechtzeitig anders zu orientieren. Der ältere Sohn Paul war vom Freistaat Danzig aus freiwillig zur deutschen Wehrmacht ins Dritte Reich gegangen. Er wurde Berufsoffizier. Sein jüngerer Bruder Stephan tat das gleiche. Ihretwegen änderten die Eltern sogar den kaschubisch klingenden Nachnamen in einen rein deutschen. Das taten damals viele.

Während also die Jungen im Reich dem Führer und seiner Armee dienten, hatten ihre Eltern die Angehörigen eines »KZ-Häftlings« bei sich aufgenommen. Für ihren inhaftierten Verwandten konnten die Jungen nichts tun. Sie sollen es bei der Geheimen Staatspolizei versucht haben. Vergeblich. Später durften sie in Rußland für Führer, Volk und Vaterland ihr Leben geben.

Im Grunde waren die Würfel über das Schicksal vieler Menschen lange vor Kriegsausbruch gefallen. Nicht die Politik spielte dabei eine Rolle, sondern eher der Zufall, die Berufswahl und die Liebe. Fandest du Brot und Arbeit bei der polnischen Eisenbahn und warst du gegenüber deinen polnischen Arbeitgebern auch noch loyal, so konnte das Urteil am 1. September 1939 »Konzentrationslager« bedeuten. Hattest du dich im Reich für die militärische Berufslaufbahn entschieden, nicht aus Überzeugung, sondern aus Not, kamst du in den ersten Tagen davon. Aber nur in den ersten Tagen. Irgendwann wartete der Tod in Rußland auf dich.

Am Abend des 1. September 1939 waren neun männliche Mitglieder der Familie in der zu einem Sammellager umfunktionierten Viktoriaschule im Stadtzentrum von Danzig gefangen. Zusammengeschlagen, beschimpft, gedemütigt. Jeder von ihnen sprach besser deutsch als polnisch, hatte deutsche Schulen besucht. Die angeheirateten Männer waren der polnischen Sprache überhaupt nicht mächtig. Keine Familie der politischen Opposition von Danzig musste – so weit mir bekannt – ein so großes Opfer bringen.

Es war, als habe das Grauen selber Pate gestanden über dieser Familie. In keinem der Bücher, die nach dem Kriege über den Freistaat Danzig geschrieben wurden, wurde es einer Erwähnung für würdig gefunden, auch in polnischen nicht, in deutschen noch viel weniger. Einige haben nach dem Zweiten Weltkrieg mehrere Jahrzehnte in der Bundesrepublik gelebt. Sie haben nie Ansprüche geltend gemacht, keine Wiedergutmachung eingefordert. Sie waren zu stolz. Oder war es Angst, Angst vor der Wiederkehr eines ähnlichen Systems, das sie wieder zu Opfern machen könnte? Einen solchen Verdacht wurde ich nie los. Meine Mutter verstummte stets, wenn ich sie über diese Zeit befragen wollte. »Warum musst du das alles so genau wissen?« wimmelte sie ab. »War es nicht genug, wie damals unser Leben zerstört wurde?«

Sie befürchtete, ich könnte es nicht für mich behalten, möglicherweise weitergeben, veröffentlichen. Das wollte sie nicht, davor fürchtete sie sich. Und es gab aus diesem Grund oft bittere Eintrübungen in unserem Verhältnis. Nicht nur die Täter haben nach dem Zweiten Weltkrieg geschwiegen, viele Opfer haben es auch. Die einen aus Scham oder Uneinsichtigkeit, die anderen aus Angst.

Es war lange ein weitverbreiteter Irrtum in der Bundesrepublik Deutschland, zu glauben, daß es nur Juden waren, die im Deutschland des Dritten Reiches Opfer wurden. Sie waren es vor allem. Es gab aber auch Deutsche, z. B. im Freistaat Danzig, die ihr Schicksal teilen mußten. Meine Familie gehörte dazu.

Ich war erst zwölf Jahre jung, als an jenem sonnigen verhängnisvollen Septembertag die dumpfe Ahnung über mich hereinbrach, daß der Hass in dieser Welt kein Zufall ist, kein Begriff nur, kein Defizit, das Fehlen der Liebe etwa – wie gewisse moderne Psychologen meinen.

Er ist eine dämonische Kraft, die um die Welt geistert, die sich auszuleben sucht. Sie ist ständig bemüht, Konstellationen auf dieser Erde zu schaffen, zwischenmenschliche Beziehungen so zu stören, daß sie die Möglichkeit bekommt, sich auszuleben. Die äußeren Motive, die letzten Anstöße sind zweitrangig. Hass will sich ausleben, irrational, um seiner selbst willen.

## HINDENBURGALLEE

Ich muß einen guten Schutzengel gehabt haben an jenem Tag, der für mich zur dunkelsten Nacht geworden war. Der eigene Vater von Mordbanden der SS-Heimwehr verschleppt, daheim eine verwirrte Mutter, eine um nur ein Jahr jüngere Schwester und ein dreijähriger Bruder, der nichts von dem verstand, was um ihn herum vorging. Statt mich bei sich zu behalten, schickte mich meine Mutter nach wenigen Minuten abermals weg. Auf diesen Wegen hätte man mich abfangen, zu Tode prügeln können. Hatte sie Angst, daß man mich auch aus dem Hause zerren könnte? Schickte sie mich deshalb wieder weg? Wollte sie mir damit instinktiv ersparen, was jenem Jungen widerfahren war, von dem mir am Morgen eine Frau berichtet und was ich ihr verheimlicht hatte? Indem sie mich von der Gefahr fernhalten wollte, setzte sie mich gerade der Gefahr aus!

Das neue Ziel hieß Hindenburgallee, eine breite, großzügig angelegte Verbindung, die den Vorort Langfuhr im Norden mit der alten Hansestadt verband. An dieser von Friedhöfen und gepflegten Parkanlagen gesäumten vierspurigen Autostraße hatte eine katholische Ordensgemeinschaft aus Limburg an der Lahn, die Pallottiner, ein Knabenkonvikt errichtet, mit einer Saalkirche zur Betreuung der Gläubigen.

Das Haus diente Tagungen und Zusammenkünften, vor allem aber Schülern aus dem benachbarten Polen, die in Danzig eines der deutschen Gymnasien besuchten. Es erfüllte also – aus deutscher Sicht – eine durchaus patriotische Aufgabe.

Dem Sonntagsgottesdienst pflegte meine Mutter in der Kirche des heiligen Stanislaus »Am Heeresanger« beizuwohnen, nur ein paar hundert Meter von uns entfernt. Sie lag auf dem Gelände der ehemaligen preußischen Telegrafenkaserne. Das vor dem Ersten Weltkrieg militärischen Zwecken dienende Gelände war der polnischen Minderheit bei der Entstehung des Freistaates als exterritoriales Gebiet zugestanden worden.

Diese entfaltete dort ein reges kulturelles Leben. Unter anderem beherbergte es ein großes Studentenheim für junge Polen, die an der Technischen Hochschule in Langfuhr studierten, einen Kindergarten, geführt von polnischen Dominikanerinnen, ferner eine private Grundschule.

Außerdem war dort ein Stadion mit den dazugehörigen Gebäuden für den Sportverein »Gedania« entstanden, eine Reihenhauszeile für ein paar Dutzend Familien, ein Pfarrhaus und eben das Gotteshaus. In ihm habe ich die erste heilige Kommunion empfangen.

Mein Vater begleitete meine Mutter nur selten dorthin. Er zog es aus sprachlichen Gründen vor, in die neuerbaute Kreuzkapelle an der Ostseestraße zu gehen, die von deutschen Geistlichen betreut wurde. Ein Fußweg von etwa zwei Kilometern. Ich selbst ging entweder mit der Mutter in die polnischsprachige Kirche, später allein zu den Pallottinern, das von unserem Hause am weitesten gelegene Gotteshaus. Drei Jahre vorher war ich dort Meßdiener geworden – mit zwei Jungen von der Hausnummer sechs unserer Straße, deren Vater, ein Feuerwehrmann, fanatischer Anhänger der Nazis war. Er grüßte uns nie und er erwiderte auch nie einen Gruß.

Die Pallottiner zeigten sich mir gegenüber immer sehr freundlich, auch als sie hörten, daß ich ein polnisches Gymnasium besuchte. Ich muß ihnen wie ein exotisches Pflänzchen vorgekommen sein. Daß eine Familie sich so offensichtlich zweikulturell gab und sich konsequent dazu bekannte, war wohl eher eine Seltenheit. Sie zeigten sich tolerant und wollten allen Gläubigen zur Verfügung stehen.

Mit einem jüngeren Geistlichen verband uns seit zwei Jahren eine engere Freundschaft. Auf seinen Wunsch hin führte ich ihn einmal in der Woche in die Grundregeln der polnischen Sprache ein. Er betreute außerdem die Meßdiener. Zu diesem Priester schickte mich jetzt die Mutter mit der Bitte, eine heilige Messe für uns zu lesen, für uns zu beten. Er reagierte betroffen, als er hörte, was vorgefallen war. Ich spürte, daß ihm nicht wohl war bei meinem Besuch zu dieser Zeit an diesem Tag.

Ein paar hundert Meter oberhalb des Bergabhanges wohnte in einer Villa, in der Eichenallee 1a, der berüchtigte Gauleiter Albert Forster, der sich einige Tage zuvor eigenmächtig zum Staatspräsidenten des Freistaates ernannt hatte, eine Position, die in der Verfassung nicht vorgesehen war. Daß das Haus zu seinen Füßen ihm ein Dorn im Auge war, sollte sich ein paar Wochen später zeigen, als man die Patres von dort vertrieb, weil angeblich das oben gelegene Krankenhaus die Gebäude beanspruchte.

In der Kirche wurden nach dem Auszug der deutschen Geistlichen Leichen seziert, die man nun nach Ausbruch des Krieges in ausreichender Menge für Forschungszwecke zur Verfügung hatte. Der Gemeinschaft aus Limburg wurde zum Trost ein ehemals polnisches Gotteshaus, die neuerbaute Christ-Königs-Kirche am Bischofsberg westlich von Danzig zugewiesen. Die polnische Gemeinde wurde aufgelöst, zerstreut, ihr Seelsorger Franciszek Rogaczewski erst verhaftet, blutig geschlagen und später ermordet.

Pater Peter fragte, ob ich etwas gegessen hätte. Erst jetzt war mir bewußt, daß ich in der Aufregung nicht dazu gekommen war. Ich verneinte also. »Aber du mußt doch etwas essen«, meinte er verlegen, machte jedoch keine Anstalten, mich – wie sonst immer – in den Speisesaal zu führen, um mir von den Schwestern, die das Haus betreuten, etwas geben zu lassen. Ich fühlte, er hatte Angst.

War es die Schwäche für die polnische Sprache, die ihm jetzt zum Verhängnis werden konnte? Als ich die Bitte meiner Mutter ausgesprochen hatte, verabschiedete ich mich. Er versprach, für uns zu beten und brachte mich dann zur Eingangstür.

Auf dem Korridor trafen wir einen Halbwüchsigen in der Uniform der Hitler-Jugend – einen Insassen des Konviktes. Überrascht blieb er stehen und fragte mich, als sei er hier der Hausherr: »Was machst du denn hier? Haben sie dich noch nicht eingesperrt?« Somit hatte der junge Pater durchaus recht, wenn er Probleme wegen meines Besuches gerade in diesen Stunden befürchtete.

Vor dem Eingang blieb ich mit dem Fahrrad eine Weile stehen, schaute die Straße hinauf, die zur Städtischen Klinik und zum Hause des Gauleiters führte. Sie wies eine große Steigung auf und wurde von Pferdefuhrwerken, die es damals gelegentlich noch gab, gemieden, weil sie nicht zu bewältigen war. In jenen Minuten stand mir ein schreckliches Erlebnis vor Augen, das ich ein paar Wochen zuvor gehabt hatte und dessen wahre Bedeutung mir damals nicht aufgegangen war: Man hatte versucht, mich durch einen gesteuerten »Unfall« umzubringen oder schwerstens zu verkrüppeln. Und so hatte es sich zugetragen:

Der Pater hatte, wie allwöchentlich, für die Meßdiener einen Vortrag gehalten und sie für die kommende Woche den einzelnen Gottesdiensten zugeteilt. Jetzt strömte die Schar, etwa dreißig, aus dem Haus auf die Straße, einige waren wie ich mit dem Fahrrad gekommen.

Da kam plötzlich ein Ministrant mit überlegener Miene auf mich zu, schaute die Straße, die zum Krankenhaus führte, hinauf und schlug vor, von oben ein Wettrennen zu starten. Kein ungefährliches Vorhaben, denn bei der Einmündung in eine Parallelstraße zur Hindenburgallee mußte man scharf abbremsen, um nicht zu stürzen. Andere Jungen kamen hinzu und grinsten: »Bist wohl zu feige, was? In Petershagen« – eine Anspielung auf das polnischsprachige Gymnasium, das ich besuchte – »ist Wagemut wohl nicht gefragt?«

Das konnte ich mir nicht bieten lassen! Wider Willen stimmte ich zu. Zu viert gingen wir die Straße hinauf und starteten auf das Zeichen eines fünften zur nicht risikofreien Wettfahrt. Schon nach einigen Metern hatte ich mich an die Spitze gesetzt. Im Rückspiegel sah ich, daß die andern zurückblieben. Ein Verdacht, daß etwas nicht stimmen könnte, kam mir nicht. Da sah ich die scharfe Kurve auf mich zukommen und wollte leicht bremsen.

In diesem Augenblick packte mich Entsetzen – denn ich bemerkte, daß die Bremsen nicht funktionierten! Im Bruchteil einer Sekunde war mir klar, daß ich mich in der Kurve überschlagen würde, mit unübersehbaren Folgen!

Ich schwang mich vom Sattel, wechselte auf der Pedale die Stellung und sprang vom Fahrrad. Es war die einzige Möglichkeit, sich zu retten. Wenige Meter konnte ich laufen, dann stürzte ich auf das harte Pflaster.

Es dauerte, bis ich mich erheben konnte, sah, daß ich an Händen und Füßen blutete. Zum Glück hatte ich mir nichts gebrochen. Langsam näherten sich die übrigen Jungen. Ich schaute in grinsende Gesichter. Benommen suchte ich nach meinem Fahrrad. Es war unbeschädigt. Ich warf einen Blick auf den Bremshebel am hinteren Rad und sah, daß er lose herunterhing. Jemand hatte während des Vortrages die Schrauben gelöst und entfernt.

Der Hass war also bereits vor die Stufen des Altares gedrungen und hatte sich in die Reihen der Meßdiener gefressen. Erst jetzt erkannte ich es in vollem Umfang! Damals war ich zurück ins Haus gegangen und hatte mich von den bestürzten Ordensfrauen, Marienschwestern aus Schönstatt bei Vallendar am Rhein, versorgen lassen.

Es hatte in den letzten Wochen noch andere Anzeichen ähnlicher Art gegeben, die eine unheilvolle Entwicklung in den zwischenmenschlichen Beziehungen ankündigten. Es kam oft vor, daß ich den Heimweg mit den beiden Nachbarjungen antrat, den Söhnen des Feuerwehrmannes, des überzeugten Nationalsozialisten.

An jenem besagten Tag lenkten sie unser Gespräch auf die wachsenden Spannungen in Danzig. Plötzlich blieb der ältere – Hubert – stehen und sagte: »Ihr seid ja auch Pollacken.« Selbstsicher antwortete ich: »Wir fühlen uns als Bürger des Freistaates Danzig. Wir leben in zwei Kulturen.« »Unsinn!«, schrie er zurück. »Du bist ein Pollacke!« »Wie denn das?« fragte ich irritiert, schüttelte verständnislos den Kopf, maßlos erstaunt über diese plötzliche Beschimpfung.

Hatten wir nicht Jahre hindurch nebeneinander vor dem Altar gestanden, gemeinsam gebetet? War das nur ein Traum gewesen, eine Illusion, eine Art Theatervorstellung mit einem Stück, das nicht dem Leben entsprach? Ich lachte verstört, hilflos.

Als der ältere Junge das sah, wurde er noch wütender und versetzte mir schließlich einen Fußtritt. So endete der gemeinsame Dienst für Gott. Der katholische Glaube, der uns angeblich verband, erwies sich als brüchig, als nicht tragfähig. Er war dem ideologischen Hass zum Opfer gefallen.

Aber nicht nur die Jungen hatte es erfaßt. Bereits ein Jahr vorher, im Jahre 1938, hatte Zwietracht unter den Patres

Einzug gehalten. Im Haus wohnten damals noch zwei Geistliche aus der polnischen Provinz des Ordens. Nach einem Sonntagsgottesdienst nahm ich zufällig eine heftige Auseinandersetzung in der Sakristei zwischen dem deutschen Hausoberen und seinem polnischen Mitbruder wahr. Dieser war in der Predigt auf den steigenden Hass gegenüber der polnischen Minderheit eingegangen – ein nicht ungefährliches Unterfangen. Es mußte dem Hause Probleme mit den Nationalsozialisten einbringen. Jedenfalls verschwand der Name des Priesters von einem der Beichtstühle. Er war ausgezogen.

Im Sommer desselben Jahres verbrachte ich die Ferien in einem herrlichen Jugendlager in Nowy Targ, 30 Kilometer nördlich von Zakopane in der Hohen Tatra, »dem Garmisch-Partenkirchen Polens«.

Eines Tages wurde uns der Besuch eines Geistlichen aus Danzig angekündigt. Es war ausgerechnet jener Pater, der das Haus an der Hindenburgallee nach einem Eklat verlassen hatte. Er feierte mit uns einen Gottesdienst und unterhielt sich hinterher mit den einzelnen Gruppen. Auf seine Frage, wer denn von uns Meßdiener sei, hob ich die Hand. »In welcher Kirche dienst denn du zur Messe?« wollte er wissen. »Bei den Patres Ihres Ordens«, sagte ich naiv und stolz, »bei den Pallottinern in Danzig.«

Wie erstaunt war ich, als ich kein liebenswertes Lob aus dem Munde des Priesters hörte, sondern Worte, die mich schockten und bei den meist polnischen Kindern Entsetzen über mich auslösten: »Was, bei diesen ›Schwaben‹ bist du Meßdiener? Zeit, daß du die Kirche wechselst«, antwortete er und würdigte mich keines weiteren Wortes. Wenn ihm klar gewesen wäre, was er mir damit antat, hätte er sich vielleicht auf die Zunge gebissen. »Schwabe« ist in der polnischen Sprache ein Schimpfwort für »Deutsche« und entspricht dem deutschen »der Pollacke«. Bei den Kindern des Ferienlagers galt ich fortan als »Schwabe«.

Genau neun Jahre später traf ich diesen Herrn zufällig in Paris wieder. Er konnte sich an nichts mehr erinnern. Die bitteren Kriegsjahre hatten ihn sanft und demütig gemacht.

Voller Angst in der Seele trat ich um die Mittagszeit jenes 1. Septembers in der herrlichen Allee den Heimweg an. An die unberechenbaren Nachbarn, die in der Rodenackerstraße Nummer sechs, neben uns, wohnten, hatte ich noch nicht gedacht. Der Gedanke an sie und an ihre Mieter im Untergeschoss erfüllte mich mit Grauen. Was war von ihnen noch zu erwarten? Bisher hatten sie sich nicht bemerkbar gemacht. Welche neuen üblen Überraschungen wird es bis zum Abend geben, dachte ich. Während ich in die Pedalen trat, war mir, als würde ich von einer Meute von Hunden gehetzt. Ein einsamer Junge, schutzlos und verzweifelt. Die Luft, die er einatmete, schien haßdurchtränkt, obwohl es chemisch reine Luft war, die sanft von der Ostsee herüber wehte.

Zweimal wurde ich von nationalsozialistisch eingestellten Jungen erkannt. Sie schrieen hinter mir her. Ihnen in die Hände zu fallen hätte bedeutet, geschlagen zu werden bis zur Bewußtlosigkeit, vielleicht den Tod. Für bestimmte Menschen der Hansestadt gab es an jenem Tag, in jenen Stunden keine Ordnungsmacht, die sich schützend vor sie hätte stellen können. Sie waren Freiwild für jeden, der persönliche Aggressionen loswerden wollte.

Meine Mutter empfing mich verstörter noch als ich sie verlassen hatte. In stammelnden Worten berichtete sie, daß ein Herr von der Geheimen Staatspolizei da gewesen sei, er habe nach dem Schlüssel zur oberen Wohnung verlangt und diese dann gründlich durchsucht. Wahrscheinlich nach Waffen, meinte sie. Aber er habe nichts finden können. Beim Abgang hätte er voller Hass gezischt, die Hölle sei los um das Gebäude der polnischen Post in Danzig. »Aber wir werden sie ausräuchern.« Dann habe er meiner Mutter eingeschärft, niemanden in die obere Wohnung zu lassen.

»Was mag dort in der Stadt vorgefallen sein?«, fragte die Mutter gedankenverloren, als ob ihr kleiner Sohn mehr wüßte als sie. »Hoffentlich ist Herrn Rekowski nichts zugestoßen«, flüsterte sie.

Aber es war ihm um diese Zeit bereits etwas zugestoßen. Er war nicht mehr am Leben.

Das erfuhr ich erst 59 Jahre später. Von einem Besuch in Danzig brachte mir mein Bruder eine kleine Broschüre über den Kampf um die Post im September 1939 mit. Unter den Namen der sechs Gefallenen, die schon in den ersten Stunden sterben mußten, befand sich auch seiner: Stanislaw Rekowski. Die volle Tragödie um die Post sollte ich am folgenden Tag kennenlernen.

In der Altstadt, in einem Hinterhof des »Altstädtischen Grabens«, unterhielten wir Kontakte mit einem schlichten Ehepaar. Sie wohnten in einem der einfachen, aber malerischen Häuser. Tante Guste – eine Verwandte über fünf Ecken – war die Klagemauer bei familiären Sorgen.

Ihr Mann, von uns Onkel August genannt, besaß ein gutmütiges Wesen. Er hatte kleine, immer spitzbübisch funkelnde Augen. Manchmal konnte er etwas minderbemittelt wirken, aber gerade dann waren seine Ohren hellwach. Den Naiven spielend, begab er sich bei den ersten Schüssen, die durch die Morgenluft peitschten, auf die Straße und hörte von Schwierigkeiten, die der Polizei bei der polnischen Post, nur einige Straßen weiter, entstanden seien. Da war er nicht mehr zu halten. Aus allernächster Nähe konnte er den Gang der Ereignisse verfolgen.

## LEBENDIGE FACKELN

Onkel August hatte sich verändert. Das verschmitzte Lächeln war aus seinem Gesicht verschwunden. Die Augen funkelten nicht mehr. Sie wirkten matt und müde. Sie müssen Dinge geschaut haben, die sie nicht verkraften konnten. Es dauerte lange, bis er zu sprechen begann. Vorher mußte er sich mit einer Prise aus der Tabaksdose einen Ruck geben.

»Das sind keine Menschen mehr! Ich weiß nicht, was es sind«, stammelte er. Er sprach stockend, dachte offensichtlich an meinen verschleppten Vater, wollte mich nicht erschrecken.

Aber ich bat ihn inständig: »Erzähl doch bitte. Ich muß es wissen. Du weißt, wer in unserem Hause wohnt. Ich sah ihn vorgestern weggehen. Sprich, Onkel August, bitte!« Die Nacht, die hinter uns lag, hatte mich um Jahre reifer werden lassen. Ich würde keine Kindheit mehr durchleben und keine Jugendjahre mehr, ein in Wirklichkeit aus dem Leben

Ausgestoßener, ein Gebrandmarkter, in der ständigen Angst lebend, von Männern entdeckt zu werden, die Opfer brauchten. Immer darauf bedacht, kein Wort zu viel zu sagen, die Gedanken im Zaum zu halten, sein wahres Wesen nicht zu verraten. Schließlich kamen die ersten Worte aus seinem Munde, langsam, die ganze Zeit über am Rande eines Weinkrampfes.

Beim ersten Kanonendonner von der Schleswig-Holstein hätte die Polizei alle Straßen, die zum Heveliusplatz führten, abgeriegelt. Er habe jedoch einen alten Kumpel angetroffen. »Ein Lulatsch (Lümmel). War nie viel los mit ihm. Jetzt ist er bei der SA. Endlich ist er wer, seit gestern..., brachte mich an eine Stelle, von der aus ich alles verfolgen konnte. Wollte sich wichtig tun.« 150 Mann betrug das Aufgebot, das 55 polnische Angestellte überwältigen und das Gebäude besetzen sollte.

Beteiligt waren die Danziger Polizei unter Oberst Bethke, die SS-Heimwehr unter General Friedrich Georg Eberhardt und ein SA-Schlägertrupp. Das Haus war von allen Seiten umstellt. In den Wohnungen umliegender Häuser hatte man Maschinengewehre eingenistet. Plötzlich ratterte es von allen Seiten. Man wollte die Männer mitten im Schlaf überraschen. Der Coup mißlang. Die Belagerer hörten eine Sirene heulen. Kurz darauf wurde aus dem eingeschlossenen Gebäude zurückgeschossen. In wenigen Minuten wollte man es besetzt haben.

Nach drei Stunden Dauerbeschuß konnte man es immer noch nicht betreten. Die Enttäuschung auf den Seiten der stürmenden Männer war groß. Mit einem solchen Widerstand hatte man nicht gerechnet. Die SS hatte mehrere Tote zu beklagen. Auf polnischer Seite war der Kommandant,

Konrad Guderski, ein Offizier der Reserve, von einer von ihm selbst geworfenen Granate ums Leben gekommen. Sie explodierte zu früh.

Bis 12 Uhr mittags wiederholte sich in Abständen der Schlagabtausch. Dann versuchte man die Männer zur Kapitulation zu bewegen. »Kameraden«, hörte man durch einen Lautsprecher. »Ergebt euch! Euch passiert nichts!« Noch wurden sie als »Kameraden« angesprochen. Bald sollte es anders werden.

Die Angestellten der Post ergaben sich nicht. Man hatte ihnen aus Polen innerhalb weniger Stunden militärische Entlastung versprochen. Darauf hofften sie.

Um 14 Uhr wurden zwei Panzerwagen, »SS-Ostmark« und »SS-Sudetenland«, zur Verstärkung herangezogen. Von ihnen gedeckt, versuchten die Angreifer sich heranzutasten und im Nahkampf weiterzukommen. Aber einer der Wagen wurde von einer Granate beschädigt. Danach zog man Artillerie hinzu, die den Beschuß aus allernächster Nähe begann. Ein Höllenfeuer.

Inzwischen versuchten Pioniere einen Tunnel unter das Gebäude zu treiben, um es von innen in die Luft zu sprengen. Auch die Gas- und Wasserzufuhr wurde gekappt.

Die Lage erwies sich als immer peinlicher. Der Widerstand war nicht zu brechen. Gegen 17 Uhr wurde die Feuerwehr hinzugezogen. Sie begann das Haus von weitem nicht mit Wasser, sondern mit Benzin zu besprühen. Danach kamen Flammenwerfer zum Einsatz. Man war gestartet, um ein Haus zu besetzen – jetzt sollte es in Brand gesetzt werden.

Das ist das Gesetz jeder Aggression. Der Wahnsinn des Krieges offenbarte sich hier bereits am ersten Tag.

Rauchschwaden zwangen die Männer schließlich dazu, sich gegen 19 Uhr zu ergeben, nach 14 Stunden Widerstand. Der verwundete Regionalleiter der Post, Dr. Jan Michoń, kam mit einer weißen Fahne aus dem Gebäude. Hysterische Schreie begrüßten ihn: »Da sind die polnischen Hunde. Wir wollen keine Gefangenen!« Dann ein Schuß.

Der sich ergebende Mann stürzte tot zu Boden. Die weiße Fahne war nicht geachtet worden. Sie hatte auf die Aggressoren eher wie ein rotes Tuch vor einem wilden Stier gewirkt. Daß sie wilden Tieren ähnlich geworden waren, zeigte der nächste Vorfall. Hinter dem Erschossenen stand der Leiter der Post, Josef Wasik. Auf ihn richtete man einen Flammenwerfer. In Sekunden eine lebendige Fackel.

Aus dem Keller kamen die Frau des Hausmeisters, Elisabeth Piepka, mit ihrer elfjährigen Stieftochter Erwinka Borzychowska. Man sah sie und richtete die Feuerspeier auch auf sie. Nur die Entfernung, die beide noch von den Werfern trennte, rettete ihnen vorerst das Leben. Das Kind starb nach mehreren Wochen furchtbarer Qualen im Krankenhaus.

Als die restlichen Männer herauskamen, wurden sie getreten und geschlagen, ob verwundet oder nicht. Man trieb sie zu bereitstehenden Lastwagen. Die gaffende Menschenmenge pfiff und schrie, bewarf die Männer mit Abfall, andere hängten sich an die Wagen, versuchten die Gefangenen herauszuzerren, um sie zu lynchen.

Es ging ab in Richtung Viktoriaschule. Dort befanden sich bereits mein Vater und die Brüder meiner Mutter. Auch die deutschen Ehemänner ihrer Schwestern waren dabei. Das wußten zu jener Stunde allerdings weder Onkel August noch ich.

Als er mit seinem Bericht zu Ende war, konnte er die Tränen nicht mehr zurückhalten, er weinte lange und bitterlich. Was er gesehen hatte, sollte er nie mehr vergessen. Nach Beendigung der Kriegswirren weigerte er sich, sich dem Strom der Flüchtlinge und Vertriebenen nach Westdeutschland anzuschließen, obwohl ihn weder mit Polen noch mit der polnischen Kultur etwas verband. Erst 1958 ließen er und seine Frau sich bewegen, es doch zu tun. In der Nähe von Stuttgart versuchten sie eine neue Heimat zu finden. Vergeblich. Sie starben kurz darauf, die Frau in den letzten Monaten ihres Lebens geistig verwirrt.

Der Kampf um die polnische Post in Danzig offenbart die Sackgasse einer seit Jahrtausenden von Männern geprägten Zivilisation. Es geht am Ende nicht um Sieg und Eroberung. Sie bleiben nur Vorwand. Es geht um das Kriegsspiel an sich.

Dem Postamt inmitten einer Altstadt kamen weder militärische noch strategische Bedeutung zu. Man hätte die Männer innerhalb weniger Tage aushungern können. Ohne einen Tropfen Blut zu vergießen, wäre das Haus zu besetzen gewesen. Aber man hätte sich um den Blutrausch gebracht. Ein Polizeiobermeister, Erich Goertz, hatte die Pläne für die Einnahme ausgearbeitet. Sie gingen nicht auf. Von Warschau aus wollte man den polnischen Postbeamten militärische Entlastung innerhalb von sechs Stunden zukommen lassen. Irre Planspiele, die nicht einzuhalten waren. Wenige Tage vorher waren zehn Beamte aus Polen als Verstärkung nach Danzig abkommandiert worden. Es war ein Todeskommando. Die polnische Armee im Norden war gar nicht in der Lage einzugreifen. Am 31. August, am Vorabend also, hatte der Generalkommissar Polens in Danzig, Marian Chodacki, im Bewußtsein großer Verantwortung für die betroffenen Menschen dem polnischen Außenminister Oberst Josef Beck mitgeteilt, daß er keinen Sinn darin erkennen könne, polnische Gebäude innerhalb der Stadt zu verteidigen. Die Belegschaft der Post hatte noch weniger Durchblick. Sie vertraute jenen, die politische Verantwortung trugen.

Auf dem Heveliusplatz in Danzig ereignete sich am ersten Tag des Zweiten Weltkrieges das erste Kriegsverbrechen, das zum Himmel schrie, als man sich ergebende Kämpfer erschoß und mit Flammenwerfern tötete.

Andere, schlimmere, sollten folgen, allen voran die Gaskammern von Auschwitz und ähnliche Massenvernichtungslager. Aber in Danzig, im Herzen einer der größten Kulturstädte Europas, wurde jene Fackel des grenzenlosen Menschenhasses auf die Erde geworfen, der andere folgen sollten, Fackeln, die unendlich viele Städte dieses Kontinentes bald mit Feuer vom Himmel bedeckten und Frauen und Kinder, Kranke und Greise in einen grausamen Tod zogen.

Sieben Tage später ergab sich die polnische Besatzung der Westerplatte an der Weichselmündung. Adolf Hitler, sichtlich beeindruckt vom Kampfgeist der Verteidiger, ließ dem Kommandanten Sucharski in Anerkennung seines Heldentums den Degen zurückgeben. Der hat im Gefangenenlager Murnau bei München den Krieg überlebt. Gegen die Westerplatte kämpften Einheiten der deutschen Wehrmacht, gegen die polnische Post Bürger des Freistaates Danzig, die diesen Namen nicht verdienten.

Vier Beamten der Post gelang ein Husarenstück. Als sie das Schicksal ihrer leitenden Männer bei der Kapitulation mitbekamen, zogen sie sich in das Haus zurück. Trotz des von allen Seiten eingeschlossenen Gebäudes gelang es ihnen, über eine Leiter in eines der benachbarten, von der Bevölkerung evakuierten Häuser zu kommen. In einer Wohnung konnten sie die Kleider wechseln und unerkannt entkommen. Sie stiegen in die Straßenbahn, fuhren zum Vorort Langfuhr, überquerten in der Nacht die Grenze und erreichten Kartuzy, die Hauptstadt der Kaschubei, wo sie zwei Bataillone der polnischen Armee antrafen. Den ganzen Krieg hindurch fahndete die Geheime Staatspolizei vergeblich nach ihnen.

Am 5. Oktober 1939 wurden 38 Überlebende der Post nach wochenlanger Folter im alten Schießstand in Saspe, etwa tausend Meter hinter unserem Hause, erschossen, ihre Leichen anschließend verscharrt. Sie konnten nie gefunden werden.

Im August 1997 las ich zufällig in der renommierten katholischen Wochenzeitung »Tygodnik Powczechny« (Allgemeines Wochenblatt) in einem Interview mit dem Buchautor Brunon Zwarra, einem gebürtigen Danziger polnischer Sprache, daß die beiden Juristen, die das Todesurteil über die 38 Polen gefällt hatten, in der Bundesrepublik Deutschland Karriere gemacht haben: Dr. Kurt Bode wurde Senatspräsident in Bremen, Dr. Hans-Werner Giesecke Direktor des Landgerichtes Frankfurt. »Se damnat iudex innocentem qui opprimit« – »Ein Richter, der Unschuldige verurteilt, richtet sich selbst.«

Sie haben die deutsche Öffentlichkeit der Nachkriegszeit über ihre verhängnisvolle Verantwortung täuschen können. Aber vor der Geschichte der Menschheit haben sie sich gerichtet. Darüber zu schweigen wäre bequem, aber es würde bedeuten, kommenden Generationen gegenüber eine neue

Schuld einzugehen, Schuld durch Verschweigen. Vor welchen Richtern haben sich jene Männer verantworten müssen, schrie es bei der obigen Nachricht in meiner Seele, jene Männer, die am 1. September 1939 einen sich ergebenden leitenden Mann vor den Augen vieler Zeugen erschossen und einen zweiten mit Benzin übergossen und in Brand gesteckt haben, nachdem sie diese noch sechs Stunden vorher als »Kameraden« bezeichnet hatten? Mein Herz bangt um Deutschland, wenn ich an diese Frage denke.

Wenn ihr Opfer einen Sinn gehabt hat, dann jenen, Zeugnis abzulegen für die Unantastbarkeit des Völkerrechtes, das es zu verteidigen und immer mehr aufzuwerten gilt, wenn diese Menschheit den Sinn ihrer Existenz nicht verfehlen will. Was sie verteidigt haben, war ihr Arbeitsplatz, ihr Eigentum, ihre Würde als Menschen, die Würde ihrer Nation.

Einer dieser gefallenen Männer wohnte im Obergeschoß unseres Hauses, er war unser Mieter. Hätte meine Mutter über die Vorgänge vor der Post am Abend des 1. September erfahren, ich bin nicht sicher, ob sie in ihrer Verzweiflung ihre Kinder nicht in die Küche geführt und den Gashahn aufgedreht hätte.

Denn tatsächlich bahnte sich Übles gegen uns an. Am späten Nachmittag erschien ein unerwarteter Gast, mein Großvater Johann, der Vater meines Vaters, an seiner Jacke das Parteiabzeichen. Er hatte es immer vor uns verschwiegen. Nun trug er es ostentativ, wohl um sich zu schützen, als er unser Haus betrat. Eine innere Unruhe hatte ihn zu uns getrieben.

»Ich habe es Paul immer gesagt«, meinte er kopfschüttelnd zu meiner Mutter. »Ich habe euch beide gewarnt. Aber ihr habt es besser wissen wollen. Hitler ist nicht aufzuhalten. Rudi und Bruno,« – es waren zwei seiner anderen Söhne – »obwohl jünger, waren klüger. Sie haben sich rechtzeitig ins Reich abgesetzt, nach Berlin und nach Hamburg. Haben jetzt mit dem ganzen Schlamassel nichts zu tun.« Mehr wußte er nicht zu sagen. Die Ereignisse, die eingetreten waren und die seinen Sohn mitgerissen hatten, er wußte sie nicht zu deuten.

Onkel Rudi kannte ich gut. Wir hatten ihn in Hamburg zweimal besucht, einmal war er bei uns gewesen. Er hatte zwar mit dem Nationalsozialismus auch nichts im Sinn, sein Herz schlug heimlich links, aber er wohnte im Reich. In Danzig wäre er auf jeden Fall in irgendwelche politischen Schlägereien hineingezogen worden.

Ob er denn etwas für seinen Sohn tun könne, wagte meine Mutter den Schwiegervater stockend zu fragen. »Will sehn, werde mich erkundigen, wo er ist. Wird schwer sein.« Gebeugter noch als er gekommen war, verließ er unser Haus. Viel hat er nicht ausrichten können, so schien es zunächst. Drei Jahre später ist er gestorben. Er war als Deutscher nie darüber hinweggekommen, was Deutsche seinem Sohn angetan hatten.

Solche Risse zogen sich durch viele Familien. Und sie zeigten, daß es im Grunde nur um eine Frage ging: »Für oder gegen Hitler?« Wer gegen den Wahnsinnigen auf dem Obersalzberg war, wurde, auch als Deutscher, den Juden, Polen, Russen, den Zigeunern gleichgesetzt! Die politische Grundeinstellung war entscheidend, ob jemand zum »Übemenschen« oder zum »Untermenschen« wurde.

Mittlerweile war es Abend geworden. Immer noch drang der Kanonendonner der »Schleswig-Holstein« zu uns herüber. Es klingelte. Vor der Tür stand jemand von der Familie Zyturus, Nachbarn unter der Nummer zehn. Er sprach auf meine Mutter ein und drängte sie, mit den Kindern zu ihnen in die Wohnung zu kommen. Jemand hatte einen Schlägertrupp in der Nähe beobachtet und mitbekommen, daß die Bande vorhatte, unsere Wohnung zu stürmen. Nach den Vorgängen vor der polnischen Post war es nicht schwer, sich auszumalen, in welcher Absicht sie das tun wollten.

In aller Eile kramten wir die notwendigsten Sachen zusammen und gingen einzeln hinüber. Dort hatten die Nachbarn uns auf der Erde eine Schlafstätte vorbereitet. Natürlich war nicht verborgen geblieben, daß wir Zuflucht gesucht hatten. Der Kranführer von der Nummer zwölf und seine Frau schielten aus dem Fenster.

Grauenvolle Stunden vergingen, der Schlaf wollte sich bei mir nicht einstellen. Da schellte es an der Tür. Die beiden erwachsenen Söhne öffneten. Draußen im Dunkeln Gestalten, die nichts Gutes verrieten. Sie teilten unseren Gastgebern mit, daß man alles mitbekommen habe, und diese seien sich doch wohl bewußt, wem sie Zuflucht gewährt hätten. Sie würden es noch bereuen.

Uns war klar, daß sie uns das Leben gerettet hatten. Ich habe nie Gelegenheit gehabt, mich bei ihnen zu bedanken. Heute, nach sechzig Jahren, am Ende dieses Jahrhunderts des Todes, möchte ich mich vor dieser Familie, vor Clemens Zyturus, seiner Frau und seinen beiden Söhnen Albert und Kurt, verneigen.

Aus Ostpreußen seien sie zugewandert, klärte mich meine Mutter auf. Der Name Zyturus deutet ihre Herkunft an. Einfache Menschen, Menschen von geistigem Adel. Sie gehörten zu jenen, die das große Unheil heraufziehen sahen, die sich ihm widersetzen wollten, denen jedoch die Mittel fehlten, sich ihm mit Aussicht auf Erfolg entgegenzustellen.

Für ihren Mut, den sie am 1. September 1939 gezeigt haben, wurden sie nie mit einem Orden geehrt. Aber sie verkörpern für mich den eigentlichen Kern deutschen Wesens, den edelsten des Mannes: Beschützer zu sein des Lebens, nicht Eroberer und Zerstörer.

## DAS VERLORENE GEWISSEN

In den angsterfüllten Stunden jener Nacht erinnerte ich mich eines Traumes, den ich einige Wochen vorher gehabt hatte. Nördlich von unserem Hause befand sich hinter einer verwilderten Wiese der bereits erwähnte Schießstand, weiter westlich das neue Flugfeld für Danzig. Über dieser Stätte, in die bald viel Blut einsickern sollte, sah ich den Himmel sich öffnen zum Jüngsten Gericht. Die Erde darunter in dunkle, schwarze Wolken gehüllt. Dumpfes Geschrei war zu hören, Wagengetümmel wie aus uralter Zeit, wiehernde Pferde, haßerfüllte Parolen, weinende Frauen, sterbende Kinder, fluchende Männer, das Stöhnen einer sich zerfleischenden Menschheit. Aus der Ewigkeit sah ich Jesus von Nazareth heraustreten, der sich zu Lebzeiten als Menschensohn bezeichnet und sein Wiederkommen als Letzter Richter angekündigt hatte. Er kam in Licht gehüllt aus der geöffneten

Ewigkeit, um der wildgewordenen Schöpfung auf Erden Einhalt zu gebieten. Diese Bilder kamen zurück in jener Nacht, und ich flehte zum Himmel, er möge diesen Traum Wirklichkeit werden lassen.

Aber der Himmel schwieg. Er schwieg gegenüber einer Erde, die sich die Grausamkeit zum Leitmotiv des Lebens auserkoren hatte. Der neue Tag würde anbrechen und wir dazu verurteilt, in dieser Welt weiterzuleben.

Wie war es möglich, fragte sich der Zwölfjährige stöhnend, daß in dieser altehrwürdigen Hansestadt mit ihren schmucken großen und kleinen Türmen, die Zeugnis ablegten von der Feinheit des menschlichen Geistes, über Nacht so viel Unmenschlichkeit ausbrechen konnte?

Fast täglich hatte ich auf meinem Weg zur Schule einen Blick auf den schlanken Turm des berühmten Rathauses geworfen. Manchmal machte er auf mich den Eindruck gefalteter, zum Himmel gerichteter Hände. Jetzt schien er vor meinem geistigen Auge eher einer ordinären, zackigen Nadel ähnlich, die nach Opfern Ausschau hält. Wie konnte so etwas geschehen?

Erst nach dem Kriege erfuhr ich etwas über den psychologischen Hintergrund dieses Wandels in der Geisteshaltung der Menschen, als mir das Buch von Hermann Rauschning, »Gespräche mit Hitler«, in die Hand fiel. Dieser Mann, ein Westpreuße, 1887 in Thorn als Sohn eines Offiziers geboren, hatte Musik, Geschichte und Philosophie studiert und zunächst mit den Nationalsozialisten zusammengearbeitet, ihnen als Spitzenkandidat bei Wahlen im Freistaat im Mai 1933 zu einer Parlamentsmehrheit von 50,03 Prozent verholfen. Im Reich waren es nur 44 Prozent gewesen. In seinem Buch »Gespräche mit Hitler«, das er während des

Krieges als Asylant in der Schweiz herausgeben konnte, schildert er eine Begegnung mit dem »Führer« auf dem Obersalzberg, die er im August 1932 mit dem Gauleiter von Danzig, Albert Forster, gehabt hat.

Das Gespräch am frühen Morgen begann Hitler mit den Worten: »Wir müssen grausam sein... Wir müssen das gute Gewissen zur Grausamkeit wiedergewinnen.« Bereits am Vorabend hatte er ihnen eingehämmert, sie sollten »nicht im nationalen Affekt, sondern in der Lust an der Grausamkeit und mit nüchterner Berechnung« handeln.

Nach seinem eigenen Bekenntnis haben diese Worte Hermann Rauschning in der darauffolgenden Nacht um den Schlaf gebracht.

Ein Jahr später wurde er im Freistaat Senatspräsident, d.h. Ministerpräsident. In der Verantwortung lief er zu grosser Form auf. Er wurde zum Staatsmann. Als man von Berlin aus von ihm forderte, im Sinne der ihnen 1932 von Hitler selbst eingeimpften Leitlinien gegen Juden und katholische Geistliche vorzugehen und dies mit wirtschaftspolitischen Forderungen verband, die er für ruinös hielt, kam es zum Bruch zwischen Rauschning und der Partei. Der feinsinnige Senatspräsident sah sich nur noch von Gegnern und Verrätern umgeben. Er legte sein Amt nieder und ging über Polen in die Schweiz.

Dort veröffentlichte er mit bewundernswertem Mut seine zwei Bücher: 1938 »Die Revolution des Nihilismus« und 1940 die »Gespräche mit Hitler«. Nach dem Kriege wurde er Farmer in den Vereinigten Staaten.

Anders Albert Forster, aus Fürth stammend und von Hitler nach Danzig abgeordnet. Jahrgang 1902 – ein im Grunde blutjunger Mann, dem die geistige Welt des gebildeten

Hermann Rauschning fremd bleiben mußte. Er blieb der treue Diener seines Herrn und setzte im Freistaat Danzig – wie von Hitler gefordert – systematisch den Virus des Hasses unter den Menschen aus. Mal offen, dann wieder still und unscheinbar, aber stetig.

Mein Vater und unsere heldenhaften Nachbarn von Nummer zehn, Clemens Zyturus, befürworteten die Linie von Hermann Rauschning, der im Freistaat den westlichsten der baltischen Staaten sah – Estland, Lettland und Litauen. Einen freien, weltoffenen, toleranten und wohlhabenden Kleinstaat.

Sie alle hatten sich ihr Gewissen bewahrt. Unsere Nachbarn von der Nummer zwölf, der Kranführer Johann Papke, und die von Nummer sechs, der Feuerwehrmann Karl Arnswald und sein Mieter Kurt Krieger, folgten Albert Forster, dem Gauleiter aus dem Reich, der Linie des Hasses. Ihr Gewissen war Adolf Hitler geworden. Viele von ihnen, ob an führender Stelle oder nur treue Befehlsempfänger, haben es sehr bald an den von Hitler ersehnten und geschaffenen Kriegsfronten mit dem Leben bezahlt.

Im Adreßbuch des Jahres 1942 für Danzig findet man nur noch den Namen der Witwen vieler Nazigrößen aus dem Jahre 1939. Die Brutalität, mit der sie in Danzig gestartet waren, wollten sie in Belgien, Frankreich und Rußland fortsetzen. Aber dort holte sie das Schicksal ein. So schnell und so bitter kam die Rechnung.

Ich hoffe, daß unsere unglückseligen Nachbarn nach ihrem Tode einen barmherzigen Richter gefunden, daß sie die Möglichkeit erhalten haben zu erkennen, was sie hier wahrscheinlich nie durchschauen konnten. Die Großen, »die da oben« in Parlamenten, Partei- und Medienzentralen, predigen oft den Hass, aber die, die es im Alltag umzusetzen haben, das sind »die da unten«. Und sie tun es nicht selten sogar gern, sofern sie sich nicht rechtzeitig um ein klares, unverfälschtes Gewissen bemüht haben, um ein Gewissen, das – wenn notwendig – Abstand schafft zu Menschen und Pseudowerten.

Von der Verantwortung bleibt »der da unten« nicht entbunden. Kultur wird dem Menschen nicht in die Wiege gelegt, ebenso wenig wie Hass. Beides wird gesät und gepflegt – über viele Jahre. Das Unkraut des Hasses muß, wenn es zu wuchern beginnt, ständig beseitigt werden, in mühsamer Gartenarbeit. Wer das als Politiker, als Lehrer, als Erzieher nicht wahrhaben will, lädt eine schwere Schuld auf sich.

Um alle Mißverständnisse auszuräumen, hat Rauschning bereits in seinem Titel »Die Revolution des Nihilismus« festgehalten, daß die Grausamkeit von Hitler und von seinen Getreuen in Danzig gezielt nach dem Motto »Es gibt ein Recht auf Brutalität« gepflegt wurde. Anders lassen sich die Widersinnigkeiten in Danzig am 1. September 1939 nicht erklären. Sie sind nicht in einem fernen Dschungel, nicht in der Steppe, sondern in einer Stadt ausgebrochen, die Jahrhunderte für Kultur, Geist und Vielfalt stand. Auch eine Kulturmetropole kann in die Barbarei zurücksinken.

Nach dem Brand im Reichstag im Jahre 1933, von Hitlers Mitstreiter Hermann Göring und seinen Getreuen genüßlich kommentiert, sagte Hitler im Kreise von Getreuen: »Ja! Wir sind Barbaren. Wir wollen es sein!« Hitler erging sich – so berichtete später Rauschning – in einer weitschweifigen Rede über die geschichtliche Notwendigkeit, daß in absterbenden Zivilisationen barbarische Kräfte einbrechen müßten. In Danzig waren sie eingebrochen. Ich habe es erlebt, und es hat mich das ganze Leben hindurch verfolgt. Denn sie haben den ganzen europäischen Kontinent in einem Blutbad versinken lassen.

Die ganze Nacht war der Kanonendonner von der Westerplatte zu hören, einer Landzunge an der Mündung der Weichsel, die den Polen als exterritoriales Gebiet zugewiesen worden war. Sie durften dort eine kleine Truppeneinheit stationieren. In unserem Hause hing an der Wand ein Foto aus dem Jahre 1907. Sieben Jahre vor dem Ersten Weltkrieg. In jenen Jahren gab es noch kein Polen und keinen Freistaat Danzig. Die Westerplatte war ein beliebter Ausflugsort.

Die Aufnahme zeigte meine Mutter als fünfjähriges Mädchen im seinerzeit modischen Marinekleidchen an der Hand ihres Vaters. Vor ihnen eine Tafel mit der Aufschrift »Grüße von der Westerplatte«. Das Bild hängt noch heute im Arbeitszimmer meiner Frau. Es ist nicht das einzige, was mein Leben mit der Westerplatte verbindet. Mehrere Jahre hat mein Vater als junger Eisenbahner auf der Landzunge gearbeitet. Jahrzehnte danach sollte ich unter eigenartigen Umständen meinen Fuß auf den Boden der berühmt gewordenen Westerplatte setzen.

In jener Nacht vom ersten auf den zweiten September 1939 bestanden die Grüße von der Westerplatte für mich aus dumpfen Salven. Wenige Tage zuvor hatte der Kommandant der »Schleswig-Holstein« dem Hohen Kommissar des Völkerbundes in Danzig – eine Art Ersatzfunktion für einen Staatspräsidenten – Carl J. Burckhardt, zugeflüstert: »Ich habe einen furchtbaren Auftrag, den ich vor meinem Gewissen nicht verantworten kann.«

Dieser hohe deutsche Offizier hatte sich – wie der gescheiterte Senatspräsident Rauschning – noch ein Gewissen bewahrt, und es hätte ihn das Leben kosten können, wenn seine Bemerkung aufgegriffen und verraten worden wäre. Viele unserer Nachbarn hatten solche Gewissensqualen nicht. »Die heizen den Pollacken schön ein«, schrie die Frau des Kranführers Papke aus dem Fenster. Sie ahnte nicht, daß der erste Kanonenschuß der »Schleswig-Holstein« das Schicksal des Dritten Reiches besiegelte, das nach dem Willen seiner Führer ein tausendjähriges sein sollte.

Zum Auftakt eines großen Besuches in seinem Heimatland Polen rief Papst Johannes Paul II. am 5. Juni 1999 den auf der Pferderennbahn von Zoppot versammelten 300.000 Menschen, in Sichtweite der Westerplatte, zu: »Verteidigt die Westerplatte eures Herzens!»

Damit hatte er die Landzunge zum Symbol des Ringens um die Würde des einzelnen Menschen, um die Würde der einzelnen Nationen, erhoben, die es auch im neuen Jahrtausend gegen übermächtige Kräfte der Zerstörung und der Verneinung zu verteidigen gilt.

Am 2. September 1939, am zweiten Tag der Belagerung, wurde die Angelegenheit für Hitler zum Prestigefall. Zehn Minuten werde man für die Besetzung der Westerplatte brauchen, war die Meinung der Danziger Polizei. Den Preis für die Fehleinschätzung mußten Marinesoldaten aus dem Reich bezahlen. Die Verluste unter ihnen waren hoch.

Hitler befahl, die Westerplatte noch am selben Tag einzunehmen. Vergeblich. Man forderte Sturzkampfflieger aus Ostpreußen an. Am Ende brauchte man sieben Tage, um die Belegschaft zu überwältigen. Es waren nur 182 Offiziere, Unteroffiziere und Mannschaften. Sie hatten 15 Tote zu beklagen, eine größere Anzahl von Schwer- und Leichtverletzten. Deshalb entschloß sich der Kommandant, Major Henryk Sucharski, am Ende zur Kapitulation.

Zum 50. Jahrestag im Jahre 1989 lebten von ihnen noch siebzig. Fünfzig konnten sogar an den Jubiläumsfeiern auf der Westerplatte teilnehmen. Der Maire (Bürgermeister) von Verdun verlas – wie er sagte – »von dieser Stelle« einen Friedensappell an die ganze Welt.

Ich hatte »diese Stelle« zwölf Jahre zuvor besucht. Im August des Jahres 1977 konnte ich mit meiner Frau im tiefsten Süden Indiens ein kleines Mädchen in Empfang nehmen, das im Morgengrauen in einem Park gefunden worden war. Sie wurde unsere Tochter.

Im Oktober desselben Jahres befand ich mich unter den Journalisten, die eine Regierungsdelegation unter dem damaligen Bundeskanzler Helmut Schmidt nach Polen begleitete. Beim Abschied auf dem Bahnhof in Fulda hielt meine Frau das Kind auf dem Arm. Aus dem Fenster des abfahrenden Zuges sah ich, wie verstört sein kleines Gesichtchen war, als es mich davonziehen sah. Neben Warschau besuchten wir auch Auschwitz und die Westerplatte.

In Auschwitz beobachtete ich den Kanzler aus allernächster Nähe. Als er sich ins Gästebuch eintragen sollte, dachte er einen Augenblick nach und schrieb dann nur seinen Namen ins Buch. Offensichtlich gab es in der menschlichen Sprache kein Wort, das ihm angemessen erschien, seine Empfindungen wiederzugeben.

Auch auf der Westerplatte stand ich nicht weit von ihm. Die Polen haben ihren Helden auf der Landzunge ein gewaltiges Denkmal gesetzt. Gedankenverloren mußte ich die ganze Zeit in Richtung Westen schauen. Dort in Langfuhr stand immer noch jenes Reihenhaus, in dem ich eine Nacht meines Lebens verbracht hatte, in der alles in mir zerbrochen war. Hier auf der Westerplatte, wo der Tod seine überreiche Ernte im Zweiten Weltkrieg begann, hatte einst ein fünfjähriges Mädchen mit ihrem Vater gestanden. Ein Mädchen, das mir später als Frau das Leben schenken sollte. Hier hatte mein Vater zu arbeiten begonnen, als es galt, für das geschenkte Leben das Brot zu verdienen. Hier war die Quelle, in der ein Strom von Tränen und Blut seinen Anfang nahm.

Ein Sicherheitsbeamter riß mich aus meinen Gedanken und machte darauf aufmerksam, daß ich mich von der vorgeschriebenen Route entfernt hatte.

Im Flugzeug auf der Heimreise wiederholte ich gegenüber Helmut Schmidt eine Frage, die ich ihm in Warschau bereits in Gegenwart des polnischen Parteisekretärs Edward Gierek auf der internationalen Pressekonferenz gestellt hatte. Mehrere Tage habe er nun Polen und die polnische Mentalität studieren können, und sicherlich sei ihm aufgefallen, daß das polnische Denken stark geschichtsorientiert sei. Da seine Reise dem Ziel gedient habe, Brücken der Verständigung zwischen dem deutschen und dem polnischen Volke zu schlagen, würde es mich interessieren, wie das gelingen könne, da doch die Gesellschaft der Bundesrepublik – im Gegensatz zur polnischen – kein Geschichtsbewußtsein habe. Schmidt meinte, daß die Frage so vielschichtig sei, daß ich sie ihm auf der Konferenz nicht hätte stellen sollen.

Ich mußte ihm recht geben, denn sie war spontan nicht zu beantworten, da vor allem von polnischer Seite nur wenige Fragen zugelassen wurden. Sein Pressesprecher, Klaus Bölling, unterbrach das Gespräch mit dem Hinweis auf eine

Veröffentlichung des Kanzlers zum Thema Polen. Ich kam nicht dazu auszusprechen, was mir seit dem Betreten auf der Westerplatte auf der Seele brannte.

Wie könne Versöhnung möglich sein, wenn das, was auf deutscher Seite geschehen sei, zwar oft diskutiert, aber in keiner Weise aufgearbeitet wurde? Das von Hitler, Forster und anderen Leuten vergiftete Denken, so damals mein unterschwelliger Verdacht, den ich selbst kaum wahrnehmen wollte, lebt in vielen Menschen unter anderen, vielleicht subtileren Formen weiter.

Bevor ich von dieser Reise zum Wochenende heimkehren konnte, mußte ich erst noch einige Tage in der Redaktion meiner Zeitung in Esslingen bei Stuttgart arbeiten. Deshalb fuhr ich mit dem Wagen heim. Als er in die Einfahrt einschwenkte, sah ich meine Frau am Fenster.

Sie rief mir zu, das Haus behutsam zu betreten, da unsere Tochter bitterlich weine. In der Wohnung näherte ich mich der Tür zum Kinderzimmer und öffnete sie langsam, so, daß das Kind mich in vollem Licht sehen konnte. Liebevoll sagte ich zu ihr: »Aber Meena – wie empfängst du denn deinen Vater?« Auf der Stelle hörte sie zu weinen auf, legte das Däumchen in den Mund und den Kopf in das Kissen.

Sanft fuhren meine Hände über die schmalen Locken. Der Vater war da, jener Mann, der sie in einem fernen Land in die Arme genommen und ihrem unsicheren Schicksal eine klare Wende gegeben hatte. Und sofort hatte der Schlaf sie wieder.

Ich mußte an die Westerplatte denken, von der ich kam, an die Nacht vom 1. zum 2. September 1939, als vom Hass gesteuerte Menschen meiner hilflosen Mutter und uns Kindern nach dem Leben trachteten. Diesem Kind sollte es einmal besser gehen. Wir und das Land, in dem wir wohnten, würden ihr Geborgenheit schenken.

Zwei Geschenke sind es, mit denen der Himmel unsere Natur bedacht hat. Das eine ist die Fähigkeit zum Vergessen und zum Vergeben, das andere die Tatsache, daß wir keinen Einblick in unsere Zukunft haben. Verborgen blieb dem zwölfjährigen Jungen und später dem reifen Vater, daß er einmal ein achtzehnjähriges begabtes indisches Mädchen, seine Tochter, nach einem seelischen Zusammenbruch gezwungen sein werde, aus Deutschland weg nach England zu bringen, um sie davor zu bewahren, an den Vorurteilen zu zerbrechen. Es war Gnade, daß es mir in beiden Fällen verborgen blieb.

## NEUE WELTORDNUNG

2. September 1939. Ein sonniger Vormittag, wie am Tag zuvor. Banges, bedrückendes Warten auf das, was kommen würde. Nichts Gutes konnte es sein. Die Mutter war in der Küche tätig. Ging ständig hin und her. Eine Hilfe in dieser Situation war der dreijährige Bruder, der beschäftigt werden mußte. Er lenkte dadurch alle ein wenig ab, wußte noch nichts von dem, was um ihn herum vor sich ging, ahnte es vielleicht dumpf, wie alle Kinder, die spüren, wenn sich die Gemütslage der Eltern verändert. Hin und wieder warf jeder

einen Blick aus dem Fenster auf die Straße, verschämt, im Schutze der Gardinen. Ich bemerkte, daß manche Menschen im Vorbeigehen neugierig unser Haus betrachteten. Nie mehr würde das Leben so sein, wie es einmal war.

Plötzlich Läuten. In der Tür zwei stämmige Männer in den Uniformen der SA, aufgedonnert, als seien sie auf dem Weg zu einer Parade. Es war der Ortsgruppenleiter Otto van Bergen von der Hausnummer dreiundzwanzig.

»Hausdurchsuchung«, sagte er schroff. Einfach »Hausdurchsuchung«. Wer im Namen der Partei auftrat, durfte jetzt alles. Es gab keine Privat-, keine Intimsphäre. Neugierig warfen sie einen Blick in jedes Zimmer. Gegenüber einer schutzlosen Frau, umringt von verängstigten Kindern, genossen sie es, sich als Herrenmenschen aufzuführen. Würden diese Männer das je verlernen, auch wenn eine höhere Gewalt sie einmal in die Schranken weisen sollte? – fragte sich der Junge.

Anschließend wollten sie den Keller sehen. »Bitte«, sagte die Mutter. »Wir haben nichts zu verbergen.« »Das werden wir ja sehen«, meinte einer. Sie schauten hinter jeden Holzstapel, hinter jede Kohlenecke. Sie taten, als vermuteten sie Waffen, waren tief enttäuscht, als sie nichts Verdächtiges fanden. Sie hätten es nur zu gern.

»Polnische Wirtschaft, polnisches Ungeziefer«, hörte ich sie fluchen. »Nehmen Sie sich in acht. Wir haben ein gutes Gedächtnis. Wir wissen alles«, sagte er zum Schluß zu meiner Mutter, die im Gesicht kreidebleich geworden war.

Was konnte er damit meinen? Was konnte eine schwache Frau mit drei kleinen Kindern ohne männlichen Schutz schon anrichten? Es ging um reinen Psychoterror, um totale Einschüchterung, um zelebrierte Grausamkeit. Ich traf in jenen Tagen in Danzig keinen SA-, keinen SS-Mann, keinen Parteibonzen, der nicht gleich brüllte, sobald er wußte, wen er vor sich hatte. Dann gingen sie, nicht ohne mir einen herablassenden, gehässigen Blick zuzuwerfen.

Jetzt wußten wir, wer hinter der beabsichtigten nächtlichen Aktion gestanden hat, wer die Drähte in den Händen hielt. Nachdem meine Mutter sich beruhigt hatte, schickte sie mich in die Altstadt, zu Tante Guste und zu Onkel August. Ich sollte in Erfahrung bringen, was sich in der Stadt tat. Vielleicht wußten sie mehr. Und sie wußten in der Tat mehr. Vor allem über das Drama um die Post.

Am Nachmittag gab der Rundfunk bekannt, daß ab kommendem Montag – es war der 4. September – die Schulen den Betrieb wieder aufnehmen würden. Hinzugefügt wurde eine zweite Meldung: Jugendliche, die bisher eine mittlere oder höhere polnische Schule besucht hatten, dürften sich bei keiner gleichrangigen deutschen Bildungsanstalt melden. Nur die Volksschule stand ihnen offen. Eine öffentliche Zurückstufung.

Das traf auf mich zu, und es traf mich tief. Aus der Traum vom Abitur. Lehrer an der Hochschule wollte ich einmal werden, an der Universität, in der Forschung tätig sein. So hatte ich stets geantwortet, wenn ich nach Berufsvorstellungen gefragt wurde. Grausam wurde der Junge über Nacht mit einer neuen Weltordnung konfrontiert.

Von meinen ehemaligen Klassenkameraden traf ich in dieser Zeit keinen mehr. Sie waren wie vom Erdboden verschwunden. Erst nach dem Kriege bin ich einigen begegnet. Und nur bei einem konnte ich an die Bande gemeinsamer Jahre auf dem Gymnasium anknüpfen: Zygmunt Pawlowicz. Er ist heute Weihbischof von Danzig.

Albert Forster, der Gauleiter, setzte konsequent die Vorstellungen seines Führers durch. Im Sommer 1932, noch vor der Machtübernahme, hatte Hitler – daran erinnerte sich später Hermann Rauschning – vor einem kleinen Kreis in München erklärt, das Ideal einer allgemeinen Bildung sei überholt. Nur wenn Wissen wieder den Charakter der Geheimwissenschaft zurückerlangt hätte und nicht allgemein zugänglich sei, könne es zum Mittel der Beherrschung werden. Echtes Herrentum entstehe nur dort, wo echte Unterwerfung bestehe. Es komme nicht darauf an, die Ungleichheit der Menschen zu beseitigen, sondern im Gegenteil, sie zu vertiefen. Es gäbe kein gleiches Recht für alle.

Ich zählte somit zu den ersten Opfern dieses neuen Weltbildes, das Anfang September in Danzig in die Tat umgesetzt wurde und in ein paar Jahren in ganz Europa gelten sollte. Ein halbes Jahrhundert danach fand das gleiche Muster Anwendung gegenüber meiner indischen Tochter, nicht am Rande, sondern im Herzen Deutschlands.

Es kam der Sonntag. Solange ich zurückdenken konnte, hatten wir an diesem Tage nie einen Gottesdienst versäumt. Darauf achtete meine Mutter sehr. Sie kam aus einer Familie, in der tiefe Volksfrömmigkeit sehr gepflegt wurde. Zum ersten Mal blieben wir daheim. Wir fürchteten, die Wohnung allein zu lassen. Meine Mutter scheute ohnehin davor zurück, aus dem Hause zu gehen. Für kleine Besorgungen, Einkäufe, schickte sie die Schwester oder mich weg. Die polnische Kirche nicht weit von unserem Hause, die meine Mutter besuchte, war sofort geschlossen worden, das Gelände abgeriegelt, alle Bewohner verhaftet und verschleppt.

Gleichzeitig mit dem Anschluß des Freistaates Danzig an das Deutsche Reich wurde an der Ostsee, in der sogenannten Danziger Niederung, ein Konzentrationslager errichtet – Stutthof, eines der berüchtigsten Todeslager in Deutschland überhaupt. Als man es im Mai 1945 befreien konnte, waren dort 80.000 Menschen ermordet worden, das heißt fünfundvierzig pro Tag. Unter den ersten, die bereits am 2. September in das neue Lager eingeliefert wurden, waren etwa zehn Geistliche des Freistaates. Noch heute muß man sich wundern, mit welcher Präzision und Pünktlichkeit alles vonstatten ging.

Im Laufe der Woche, ich kam gerade von einem Einkauf zurück, traf ich eine feine Dame mittleren Alters in unserem Hause an. Es war die Schwester des Pfarrers, Bronislaus Komorowski, der die nahegelegene St.-Stanislaus-Kirche betreute. Aus seiner Hand hatte ich die erste heilige Kommunion empfangen. Am Morgen des 1. September war er von SS-Leuten aus dem Hause geprügelt worden. Er hatte keine Zeit, sich richtig anzukleiden. Zerschunden traf er mit seinen Bewachern in der Viktoriaschule ein, wo bald auch mein Vater und meine Onkel landen sollten. Dort begegnete er seinem Mitbruder, Franz Rogaczewski, einst Stadtrat von Danzig, dann Pfarrer der Christ-Königs-Kirche. Auch ihn kannte ich von den Schulgottesdiensten her. Obwohl selber zerschlagen und kraftlos, setzten oder stellten sie sich in verschiedene Ecken, um den Mitverhafteten, die darum baten, die Beichte abzunehmen. Jeder wollte gut auf den Tod vorbereitet sein. Nichts anderes erwarteten die Gefangenen. Einige starben bereits in der Nacht an den Folgen der brutalen Mißhandlungen.

Die Schwester des Geistlichen erkundigte sich bei meiner Mutter, ob sie Unterschlupf bei uns finden könnte. Sie wußte, daß wir keine polnische, sondern eine gemischte Familie waren, und hatte angenommen, die Repressalien hätten uns nicht ganz so schlimm getroffen. Als sie aber hörte, was bei uns vorgefallen war und daß wir unter ständiger Beobachtung fanatischer Nachbarn und des Herrn Otto van Bergen, des Ortsgruppenleiters, standen, zog sie es vor, sich bald zu verabschieden und anderweitig unterzukommen. Das gelang ihr auch.

In der Viktoriaschule waren die Priester zum Reinigen der Toiletten herangezogen worden, mit Stroh sollten sie es tun. Mit bloßen Händen also. Vor den Augen der anderen mußten sie froschhüpfen, wurden zwischendurch immer wieder geprügelt. Franz Rogaczewski, einst hochgeachteter Bürger der stolzen Hansestadt, wurde im Januar, es war ein sehr schneereicher Winter, mit zwei anderen Priestern plötzlich aus dem Lager geschafft und erschossen. So wollte es Albert Forster, der Gauleiter, der Mann aus Fürth, der in Danzig immer ein Fremder war.

Komorowski, Seelsorger meiner Mutter, machte man besonders zum Gespött. Er wurde in Stutthof der Kapo einer Arbeitskolonne, die Lagerlatrinen zu säubern hatte. Ein perfider Einfall. Man wollte ihn dazu bringen, seine Mithäftlinge zu unterdrücken, um eigene Vorteile herauszuschinden. Aber die Schergen hatten sich verrechnet. Er tat das Gegenteil, nahm den Schwächsten die Arbeit ab und teilte mit ihnen sein karges Brot. Selbst gefoltert, fand er für andere aufmunternde Worte.

Von einem Freund einmal gefragt, was er bei der Verrichtung der ekelerregenden Arbeiten empfinde, antwortete er: »Ich fühle mich gegenüber meinen Schicksalsgenossen wie auf der Kanzel und bin darauf bedacht, ihnen gute Predigten zu liefern. Ich glaube, es sind die besten, die ich je in meinem Leben gehalten habe.« Am Palmsonntag 1940, zu Beginn der Karwoche, in der man in der christlichen Welt des Todes Jesu am Kreuze gedenkt, landete er in einer Gruppe, die grausam gequält wurde. Es war der Einstieg zu seiner Ermordung.

Geplant war, es zur Generalprobe für die Endlösung der religiösen Frage überhaupt werden zu lassen. Das Schicksal einiger Geistlicher in dieser Stadt sollte – nach dem Endsieg Hitlers – das Schicksal aller Priester Deutschlands werden. Diese Absichten hat er in einem kleinen Zirkel bereits sehr früh in München verraten: »Mit den Konfessionen, ob nun diese oder jene, das ist alles gleich. Das hat keine Zukunft... Ob nun Altes Testament oder Neues, das ist doch nur derselbe jüdische Schwindel... Man ist entweder Christ oder Deutscher. Beides kann man nicht sein... Die Schwarzen sollen sich nichts vormachen. Ihre Zeit ist um. Sie haben verspielt... Wenn ich will, kann ich die Kirche in wenigen Jahren vernichten.« Das sind Gesprächsfetzen, die Rauschning in München festgehalten hat. Das Kapitel über die Aussprachen zu diesem Thema hat er unter den Zwischentitel »Der Antichrist« gesetzt.

Eine kleine Hoffnung blieb mir am ersten Sonntag dieser neuen Zeit: England und Frankreich erklärten Deutschland den Krieg, nachdem es der Aufforderung nicht nachgekommen war, sich aus allen besetzten Gebieten, also auch aus Danzig, zurückzuziehen. Es war der 3. September. Die englischen Überseegebiete zogen nach. Hitler und seine Helfershelfer in Danzig würden bald die ganze Welt gegen sich haben. Jetzt stand auch dem letzten Bürger des kleinen Freistaates vor Augen, wie hoch der Preis war, den sie und viele Millionen Menschen auf der Welt für den Bruch des Völkerrechts, für die Heimkehr ins Reich zu zahlen hatten – ein neuer Weltkrieg! Viele ihrer Söhne würden keine Zukunft haben, kein Familienglück erfahren, keinen beruflichen Werdegang, dazu verurteilt, auf den Schlachtfeldern Europas zu verbluten.

In ein paar Tagen würden die ersten Todesanzeigen es allen vor Augen führen. Und ich hatte – obwohl noch sehr jung an Jahren – den Eindruck, als ob die euphorische Stimmung unter einem Großteil der Bevölkerung ihre ersten Risse zeigte.

## ZURÜCKGESTUFT

Die bittere Stunde war nicht aufzuhalten. Ich mußte mich am ersten Tag nach den großen Ferien bei der Leitung der Pestalozzi-Schule melden. Es war eine Haupt-, damals Volksschule genannt.

Auf meinem bisherigen täglichen Weg zum Bahnhof, wo ich den Zug bestieg, der mich nach Petershagen brachte, dem Sitz des Pilsudski-Gymnasiums, war ich regelmäßig an ihr vorbeigekommen. Jetzt war sie mein Ziel.

Mit mir gingen viele Jungen aus der Nachbarschaft, die mich gelegentlich angepöbelt, ein paarmal versucht hatten, mich zu verprügeln. Ich mußte immer auf der Hut sein, den Aggressiven von ihnen rechtzeitig aus dem Wege gehen.

Nun sollte ich mitten unter ihnen sitzen. Wie würden sie sich verhalten?

Die Bildungsanstalt, die ich bisher besucht hatte, war ein Elite-Gymnasium. Polnisch war Grundsprache und Deutsch erste Fremdsprache. Man fing mit beiden an. Im zweiten Jahr kam Englisch (oder Französisch), im dritten Latein dazu. In den höheren Klassen gesellten sich Griechisch und am Schluß Hebräisch dazu. Beim Abitur verfügte man also über Kenntnisse in sechs Sprachen. Für Polen war das Haus ein Prestigeobjekt. Für meine Eltern ein Wagnis. Denn sie konnten mir keine Hilfe leisten.

Bei Elternabenden gab es immer Probleme, weil sich der Vater vor ihnen drückte. Er bekam nichts mit und mußte Fragen in deutscher Sprache stellen. Die Mutter sprach kein reines Polnisch, sondern den Dialekt der Kaschubei. Deshalb mußte meistens sie einspringen, aber sie trat voller Komplexe vor die Lehrer, die sich »Professoren« nannten.

Es waren Spitzenkräfte. Mein Polnischlehrer mußte mir bei Aufsätzen oft ein »G« an den Rand setzen. Das hieß »Germanismus«, also eine zu wörtliche Übersetzung aus dem Deutschen, die nicht die Seele der polnischen Sprache berücksichtigte. Ich würde zwar korrekt schreiben, aber man spüre, ich würde noch zu sehr deutsch denken.

»Jede Sprache hat ihre eigene Seele. Erst wenn man mit dieser vertraut geworden ist, beherrscht man sie wirklich«, hämmerte er mir immer wieder ein. Keineswegs gehässig, denn mit diesem Problem hatte er es bei vielen Schülern zu tun. Trotz dieser Schönheitsfehler saß ich bereits in der Quarta, im dritten Jahr, kam gut voran, gehörte wohl zur Klassenspitze. Vor allem wegen meiner mathematischen Kenntnisse. Günther Grass, der Jahre später in Deutschland ein berühmter Schriftsteller wurde, mein Jahrgang übrigens, besuchte damals das »Conradinum« an der Hindenburgallee, die deutsche Konkurrenz zum Pilsudski-Gymnasium. Die ersten vier Jahre hatte ich auf einer zweisprachigen Filiale der Pestalozzi-Schule verbracht. Sie war in einem eigenen Komplex, einer alten Kaserne, untergebracht, etwa dreihundert Meter vom Hauptgebäude. Daneben ein Polizeirevier. Das Kollegium war gemischt, jede Lehrkraft zweisprachig, die Nationalität verschieden, einige von ihnen Parteigenossen. Sie sorgten dafür, daß es bei der Unterrichtssprache blieb und kein polnischer Patriotismus daraus wurde. Mit der Eingliederung ins Reich wurde diese Filiale überflüssig, Polnisch verboten, in den Gotteshäusern sogar im Beichtstuhl. Menschen dieser Sprache bedurften nach offizieller Auffassung keiner Seelsorge. Sie hatten keine Seele.

Jetzt befand ich mich also wieder in der alten Umgebung, von allen Seiten neugierig, zum Teil hämisch gemustert. Die Mitschüler hielten sich zurück, beobachteten die Reaktion der Lehrer. Eine Lehrkraft hat es in der Hand, die Stimmung zu steuern, ein Kind dezent oder gar offen zu isolieren. Es gab noch zwei, drei andere Jungen in meiner Situation. Wir gingen einander aber instinktiv aus dem Wege, um uns nicht dem Verdacht der Verschwörung auszusetzen. Die Lehrer schienen mir gegenüber verunsichert, antwortete ich ihnen doch in einem lupenreinen Deutsch. Höflich und gepflegt – wie ich es auf dem Gymnasium gelernt hatte. Das machte manche verlegen.

Im Klassenraum wurde mir die letzte Bank zugewiesen. Das war Absicht, so war ich den unmittelbaren Blicken der anderen Schüler entzogen, konnte sie selbst aber beobachten. Die Atmosphäre wirkte auf mich fremd, einfach. Zu einfach. Allein von den Sprachkenntnissen her war ich den andern viermal überlegen. In anderen Fächern ähnlich.

Da saßen sie nun vor mir, die Söhne der selbsternannten Herrenmenschen, die nur eine Sprache beherrschten. Die Worte meines Vaters fielen mir ein, mit denen er mich oft getröstet hatte, wenn ich von Gleichaltrigen wegen der höheren polnischen Schule gehänselt wurde. »Sage ihnen«, so empfahl er, »ihr beherrscht nur eine Sprache und die auch noch schlecht. Und wenn ihr die nicht hättet, müßtet ihr bellen wie die Hunde!« Auf diese Weise schaffte sich die gedemütigte Seele Luft.

Dessen ungeachtet waren sie von einem Mann an der Spitze des Reiches, der selber nie eine höhere Bildung genossen hatte, zur höheren Rasse erklärt worden. Sein Buch »Mein Kampf« ist kein Musterbeispiel für ein gutes Deutsch. Eher das Gegenteil. Dennoch besaß er die Macht, die Dinge auf den Kopf zu stellen, nicht Kultur, sondern Barbarei als erstrebenswertes Ziel vorzugeben.

Wie konnte das Schicksal eine solche Umkehrung zulassen, schrie ich in meinen verzweifelten Tagträumen. Mir kam es vor wie der Aufstand des großen Tieres gegen den Geist. Diese Jungen, die da vor mir saßen, manche stumpfsinnig und uninteressiert – sie würden in ein paar Jahren andere Menschen mit Füßen treten. Warum hatte man in der Stadt gleich am ersten Tag der »Heimkehr ins Reich« gerade Geistliche zu Hauptopfern auserkoren, gebildete Männer, in jenen Jahren noch geachtete Kulturträger, menschliche Symbole einer spirituellen Welt, die das Tierische in uns zähmen und veredeln wollten. Ein Zurück zum Enthemmten, in die Urwelt der Tyrannosaurier.

Ich langweilte mich. Trotzdem war es angebracht, sich langsam einzuschalten, sich zu melden, um keinen falschen Eindruck zu erwecken, nicht zu reizen. In kürzester Zeit fiel ich auf, war allen voraus. Als ich mich ausgerechnet im Fach Deutsch zu häufig meldete, oft der einzige – es machte mir sichtlichen Spaß, den andern zu zeigen, wer ich und wer sie eigentlich waren, entschlüpften einem weißhaarigen Lehrer erregt die Worte: »Schaut euch doch einmal diesen Pollakken an. Das ist wirklich nicht zu fassen. Nehmt euch ein Beispiel an seiner gepflegten Sprache.«

Drei Wochen vergingen. Da wurde in der Klasse bekanntgegeben, daß am darauffolgenden Tage, dem 19. September, der Führer in Danzig Einzug halten werde. Alle wurden aufgefordert, dabeizusein. »Ich gehe nicht hin«, sagte meine Mutter daheim mit starrem Gesicht, »dieses Ekel schaue ich mir nicht an.« Auch ich hatte keine Lust, Zeuge des für mich abstoßenden Spektakels zu werden. Aber die Mutter bat: »Du mußt. Sie werden uns beobachten, genau, von allen Seiten.«

Wieder flatterten die Fahnen von allen Häusern und von allen Wohnungen. Unsere Häuserwand blieb leer – wie gewohnt. In zahlreichen Fenstern standen große, blumengeschmückte Führerbilder. Manche mit einem Kranz leuchtender Glühbirnen.

Große Erregung erfaßte die Menschen. Sie strömten zur Hauptverkehrsader in Langfuhr, zur Adolf-Hitler-Straße. Vom Ostseebad Zoppot her sollte der angebliche Befreier kommen – Befreier wovon? –, an Oliwa vorbei zuerst durch Langfuhr ziehen, dann durch die Hindenburgallee – danach in das Herz der Hansestadt, zum Artushof auf dem Langen Markt, gleich neben dem schlanken Rathaus.

Ich dachte, in der unbekannten Masse unterzutauchen. Aber meine Mutter behielt recht. Scheinbar zufällig bemerkte ich bald Jungen aus der Nachbarschaft in meiner Nähe. Sie grinsten mir zu. Eine dichte Menschenmenge säumte die Straße. Man wartete ungeduldig. Ab und zu fuhren Kontrollfahrzeuge vorbei, schwerbewaffnete SS. Dann Wagen mit kleineren Würdenträgern. Schließlich von weit her das erste Raunen, das sich zum Gebrüll steigerte. »Heil, Heil« und immer wieder »Heil!« schrien sie. Abermals Sicherungseinheiten.

Hitler mußte auf der Hut sein. Blumen zu werfen war verboten worden. Es hätten Handgranaten sein können. So groß war das Vertrauen des geborenen Österreichers in den Beifall der Massen des ausgelöschten Freistaates.

Dann sah ich ihn von Norden her kommen. Erhöht und allein in seinem Fahrzeug stand er steif und schaute geradeaus. Keine Spur von Lächeln auf seinem Gesicht, kein freundliches Winken, kein Gruß wurde erwidert. Einer kalten metallenen Figur ähnlich.

Ich hatte den Roman »Quo vadis« des polnischen Schriftstellers Henryk Sienkiewicz gelesen. Ähnlich hatte sich im Rom der Antike der blutrünstige Kaiser Nero von Herren und Sklaven feiern lassen. Jetzt fuhr der Nero des 20. Jahrhunderts an mir vorbei.

Das war das Ungeheuer, das Unglück über uns und über so viele meiner Freunde gebracht hatte, das uns zu Unmenschen machen wollte, zu künstlich Degradierten, zu halben Tieren. Ein Monster, das ganz bewußt – wie er gegenüber Rauschning offen zugegeben hatte – mehrere Millionen Söhne und Töchter seines Volkes opfern wollte – von der unüberschaubaren Zahl Toter anderer Nationen ganz zu schweigen. Die Gefühle des blutjungen Menschen trogen nicht. Er sollte recht behalten: Die Vergewaltigung deutscher Frauen durch russische Soldaten gegen Kriegsende gerade in dieser Stadt war grauenvoll.

Diesem Untier nun – schoß es durch meinen Kopf – jubeln sie jetzt zu. Die Hände hoch zum »Heil«. Ich tat etwas anderes. Ich winkte – aber nicht dieser kalten Gestalt galt die Geste, sondern dem Himmel, in den ich schaute. »Vater dort oben«, betete ich – gerade als Hitler an uns vorbeifuhr, das heißt, vorbeigefahren wurde wie ein Halbgott – »stelle dich ihm in den Weg, erweise dich als stärker. Hilf uns, stehe meinem Vater, meinen Onkeln, die in Lagern in der Nähe schmachten, stehe ihnen bei.«

Die Kolonne zog vorüber. Nach Hitler kam Keitel, der Oberkommandierende des Heeres, dann Himmler – der Mann an der Spitze der SS – und andere. Von der Adolf-Hitler-Straße bog die Kolonne ein in die Hindenburgallee. In wenigen Minuten passierten sie die Sporthalle. Er ahnte nicht, daß neun Jahre danach gerade in dieser Halle sein Erfüllungsgehilfe Albert Forster vor einem polnischen Gericht stehen würde. Es war purer Zufall, daß an jenem Tag, an dem das Todesurteil über ihn verkündet wurde, auch ich mich im provisorisch hergerichteten Gerichtssaal befand. Nicht ein Hauch von Reue im Gesicht von Albert Forster über das schwere Leid, das er über die Menschen dieser Stadt gebracht hatte. Als die Menge sich anschickte, den Raum bedrückt zu verlassen, sah ich, wie Forster sich von der Anklagebank erhob, Übermut mimend die Treppen zum Richtertisch hinaufsprang und den Geschworenen etwas zuraunte. Verstockt und abgebrüht bis zuletzt. Ohne Mitleid, nicht einmal für sich selbst.

Am Tag danach wartete in der Schule eine Überraschung auf mich. Ein Lehrer hatte mein gutes Deutsch gelobt. Mir war nicht klar, warum ihm die Bemerkung entschlüpft war. Ob er gegen mich aufstacheln oder die anderen anstacheln wollte. Jedenfalls hatte es Folgen. Meine Mitschüler müssen es daheim wiedergegeben haben. Die Eltern erfuhren es, unsere Nachbarn, der Ortsgruppenleiter. Wie aus heiterem Himmel wurde mir mitgeteilt, daß ich in eine andere Schule versetzt sei, an der Bahnhofstraße. Ohne nähere Erklärung.

Das war eine doppelt weite Wegstrecke! Dorthin kamen Kinder aus einem anderen Wohngebiet, man kannte mich nicht. Auch die Eltern nicht. Ich konnte nicht so bald zum Ärgernis werden. Jedenfalls wiederholten sich solche Szenen nicht mehr. Ich war froh und wurde vorsichtiger.

Als sechs Monate nach dem Vater die ganze Familie in ein Lager eingeliefert werden sollte, wurden wir angewiesen, uns vorher überall abzumelden, Brücken abzubrechen. Inzwischen mußte alles seine Ordnung haben. Ich teilte dem Klassenlehrer mit, daß ich nicht mehr kommen werde und warum. Er machte ein betroffenes Gesicht und meinte, es wäre gut, wenn ich auch den Rektor davon in Kenntnis setzen würde. Dieser unterrichtete gerade in einer Klasse. Ich klopfte an und betrat den Raum, entschuldigte mich für die Störung, erklärte den Grund und fügte hinzu: »Ich möchte mich nicht verabschieden, ohne Ihnen ein Wort des Dankes zu sagen. Ich habe mich sehr gut auf dieser Schule gefühlt.« Er wußte, daß es gelogen war. Auch sie war für mich bedrückend geworden, nichts hatte ich dazugelernt. Aber er nickte sichtlich beeindruckt.

Am Nachmittag traf ich zufällig einen Mitschüler. Und der verriet mir, der Rektor habe sich nach meinem Abgang nachdenklich der Klasse zugewandt und gesagt: »Jetzt wißt ihr es – der Junge hat euch gezeigt, wie man es macht. Schade um ihn.«

Unsere sozialen Kontakte in dieser Zeit beschränkten sich auf ein Minimum. Man mied uns und wir mieden andere. Die, die wir besuchten oder die uns besuchten, waren Schicksalsgenossen. Aber man mußte auf der Hut sein. Sobald ich irgendwo läutete, bedeutete man mir sofort, sich leise und unauffällig zu verhalten, damit die Nachbarn keinen Verdacht schöpften. Es gab hilfsbereite und mitfühlende Leute in jenen Tagen, aber es wimmelte auch von Fanatikern, die es genossen, Angst zu verbreiten.

Pater Peter von den Pallottinern, der mir ein hilfreicher Freund hätte sein können, wurde weit weg in ein kleines Dorf an der Nogat im Danziger Werder versetzt. Wahrscheinlich wollten ihn die Vorgesetzten in Sicherheit bringen. Er hatte sich zu sehr für die polnische Sprache begeistern lassen. Den fanatisierten Insassen der Schülerpension blieb es nicht verborgen.

Mein Vater war inzwischen in das Konzentrationslager Stutthof eingeliefert worden. Eine Folterkammer für Tausende, zunehmend auch eine Mördergrube. Besuche von Familienangehörigen waren nicht gestattet. Jederzeit befürchteten wir, auch dort zu landen. Immer wieder stand mir ein Vorfall vor Augen, der einige Monate zurücklag und der mir irgendwann zum Verhängnis werden mußte.

Auf dem Weg zur Schule war ich eines Morgens in Begleitung eines Mitschülers von einem Mann auf offener Straße auf das heftigste angepöbelt worden, weil ich die Schulmütze des Pilsudski-Gymnasiums trug. Leichtfertigerweise erzählte ich darüber in der Klasse. Meine Kameraden gaben es sofort an den Lehrer weiter. Da sich diese Fälle in der Stadt häuften – wir hörten sogar von Franzosen und Italienern, die angerempelt worden waren, weil man sie für Polen hielt –, sammelte die Schule alle Beweise, um auf diplomatischem Wege zu protestieren. Solche Behinderungen verstießen eindeutig gegen Geist und Verfassung des Freistaates.

In meinem Fall entschied der Rektor des Gymnasiums, daß wir sofort persönlich Anzeige im nahegelegenen Polizeipräsidium erstatten sollten. Ein Lehrer begleitete uns. Dort versuchte man die Sache abzuwiegeln und bestand vor allem darauf, mich allein zu verhören. Dagegen wehrte sich die uns begleitende Lehrperson heftig. Es kam zu einer lautstarken Auseinandersetzung. Ich war zum Politikum geworden. Jedenfalls wurde alles protokollarisch festgehalten.

Außerdem gehörte ich den Pfadfindern an. Auf deutscher Seite gab es außer der Hitlerjugend keine andere Jugendorganisation. Diese schied jedoch für mich aus, obwohl es nicht an Versuchen gefehlt hatte, mich für sie zu gewinnen.

Übrig blieben nur die Scouts – und zwar polnischer Sprache. Das war nicht ungefährlich, denn es hätte notfalls als Zugehörigkeit zu einer paramilitärischen Organisation gedeutet werden können, falls man eine Anklage brauchte. Einmal hatte ich sogar am »Fest des Meeres« in der benachbarten neuerbauten Hafenstadt Gdingen teilgenommen, das die Polen groß feierten. Das hätte genügt. Die Endstation dafür war das KZ. Weitaus geringere Anlässe hatten anderen nach der Besetzung Danzigs das Leben gekostet.

Ein guter Geist muß damals über mich gewacht haben. Die Sache wurde nie ausgegraben.

Eines Tages traf ein Brief von meinem Vater bei uns ein. Großbauern in der Umgebung des Lagers fehlten bei der Ernte die üblichen Saisonarbeiter, die früher aus der benachbarten Kaschubei kamen. Jetzt hatten sie KZ-Häftlinge angefordert. Diese wohnten – wie früher die Arbeiter – in primitiven Unterständen, neben den Ställen. Mein Vater hatte sich – zu unserem Erstaunen – als Koch gemeldet. Diese Fähigkeit war mir bei ihm nie aufgefallen. Unter den Männern hätte sich niemand gefunden, der es übernehmen wollte, für eine zwanzig Mann starke Gruppe zu kochen. Das befreite ihn von der Feldarbeit und ließ die Möglichkeit offen, diskret Besuch zu empfangen.

Es war eine weite Strecke, etwa 35 Kilometer, die mit dem Fahrrad zurückzulegen waren. Meine Mutter bat mich, es an einem Sonntag zu wagen, um dem Vater warme Unterwäsche für den herannahenden Winter und andere Kleinigkeiten zu bringen, um die er bat.

Mit beklemmenden Gefühlen machte ich mich sehr früh am Morgen auf den Weg und erreichte nach mehreren Stunden erschöpft den großen Hof, fragte nach dem Koch. Mißtrauisch musterte der Großgrundbesitzer den blonden Jungen mit dem perfekten Deutsch und zeigte schweigend mit der Hand auf eine Stallung. Vielen wurde sicher langsam klar, welch ein Unsinn da ablief: Deutsche wurden von Deutschen herabgestuft.

Ängstlich öffnete ich die Tür und hielt inne. Der Vater stand neben einem großen Kessel und rührte mit einem Riesenlöffel in der Suppe – in der gestreiften Kleidung eines KZ-Häftlings! So tief war er gesunken. Mein stolzer, selbstbewußter Vater, der so gern die Uniform der Eisenbahner trug, in der Kleidung eines Sträflings.

»Alfons, mein lieber Sohn«, rief er aus, legte den Löffel auf die Seite, kam auf mich zu und umarmte mich innig. So viel Zärtlichkeit hatte ich noch nie von ihm erfahren. Er war uns gegenüber – wie früher die Väter oft – eher gehemmt. Dann mußte ich erzählen, von der Mutter, von den Geschwistern, wie wir mit dem Leben fertig wurden.

Er wollte wissen, ob man uns in Ruhe ließ, wie ich mit der Umstellung in der Schule fertig wurde. Das ging ihm am meisten an die Nieren. Sein Gesicht zuckte. Kein einziges Wort der Klage über sein eigenes Schicksal, über die Foltern in den ersten Tagen, über die Demütigungen hinter dem Stacheldraht, über seine inneren Ängste, über die unsichere Zukunft. Dann stand er auf, ging wieder an den Kessel und rührte in der Brühe. »Sind sehr zufrieden, meine Freunde hier, mit dem, was ich ihnen auf den Tisch bringe«, sagte er und lächelte müde. Dann schwieg er und ich sah, wie Tränen über seine Wangen liefen.

»Wir haben nichts falsch gemacht«, fuhr er fort, wie um sich vor mir zu entschuldigen. »Wir haben nichts zu bereuen. Du wirst es eines Tages erkennen, mein Sohn. Laß dich nicht beirren, aber sei vorsichtig!« Er mußte jedes Wort wägen, konnte nicht zu viel sagen, wollte den jungen Sohn nicht belasten. Man hätte mich auf der Heimfahrt abfangen und verhören können. Immerhin war es Kontaktaufnahme mit einem KZ-Häftling, auch wenn es mein eigener Vater war, gerade weil er es war.

Plötzlich öffnete sich die Tür, und ein SS-Mann stand im Zimmer, der Bewacher. Zu meiner Überraschung sprach er meinen Vater jovial an und setzte sich an den Tisch: »Na, Paul, was hast du denn heute Gutes für mich?« Mein Vater stellte mich vor. Ein SS-Mann mit menschlichem Gesicht, konnte das sein? Und mir zugewandt meinte er: »Stinkt mir alles hier, mein Junge, wäre lieber an der Front. Möchte mir gern das Eiserne Kreuz erster Klasse verdienen. Hoffentlich klappt es bald.«

Als er ging erfuhr ich, daß er selbst Sohn eines Großgrundbesitzers war, daß er dennoch lieber bei meinem Vater aß als auf der steifen Veranda des Herrenhauses, wo er und die Besitzer sich nicht viel zu sagen hatten. Über die Verbrüderung mit den Häftlingen informierte der Vertreter des Landadels bald die Lagerkommandantur: Der Mann wurde abberufen und durch einen zuverlässigeren Kameraden ersetzt. Der speiste mit den Herrschaften auf der Veranda, und die Gefangenen wurden von oben herab behandelt. Sein Vorgänger aber kam bald an die Front. Die ersehnte Auszeichnung schaffte er nicht, sich zu verdienen. Ein anderes Schicksal war ihm zugedacht.

Eine letzte bittere Erfahrung sammelte ich in dieser Zeit. An einem Sonntag wurde in der Herz-Jesu-Kirche in Langfuhr, wo wir seit der Septemberwende die Gottesdienste besuchten, ein Hirtenbrief des Bischofs von Danzig, Carl-Maria Splett, verlesen. Mir blieb vor allem haften, daß er darin die »Heimkehr« seines Bistums ins Reich begrüßte. Kein Wort von den Verhaftungen, von denjenigen, die keinen Grund hatten, sich zu freuen, eher zu trauern, von den gefolterten und verhafteten Priestern, die ihm unterstanden. Ich war verstört und verstand die Welt nicht mehr.

Über seine Motive habe ich nie etwas erfahren. Auch nicht, als ich ihm fast zwanzig Jahre später in Düsseldorf gegenübersaß. Er hat für diesen Brief einen bitteren Preis bezahlt: Nach dem Krieg verurteilte ihn das kommunistische Regime Polens u.a. für dieses Hirtenschreiben zu acht

Jahren schweren Gefängnisses. Er verbrachte sie in Pniewy bei Posen – einer der großen Haftanstalten im damaligen Polen. Weitere 25 Jahre später erzählte mir ein polnischer Spitzenpolitiker in Warschau – Zenon Komender, der zu dieser Zeit gleichfalls Häftling des berüchtigten Gefängnisses gewesen war – er habe miterlebt, wie der Bischof alle sadistischen Quälereien heroisch ertragen habe. Und das so weit, daß selbst seine brutalen Folterer nicht unbeeindruckt blieben.

So nahe lagen Menschlichkeit und Brutalität, wie mein seinerzeit Vater erleben mußte. So nahe lagen auch Fehleinschätzung und heroische Leidensfähigkeit, wie es der Oberhirte von Danzig gezeigt hat.

## ABFAHRT IN DIE SKLAVEREI

Über fünf Monate waren ins Land gegangen. Der Winter war frostig und schneereich, wie seit langem nicht mehr. Da kam ich eines Tages um die Mittagszeit aus der Schule, es war der 8. Februar 1940. Ich traute meinen Augen nicht, als sich die Tür öffnete und im Rahmen mein Vater erschien – er war heimgekommen! Aber die erste Freude verflüchtigte sich schnell, als er mir nach einer Pause ein Dokument zeigte. Es war der Urlaubsschein der Kommandantur der Gefangenenlager Danzig, unterschrieben vom Obersturmbannführer Pauly persönlich, einem der am meisten gefürchteten SS-Führer im früheren Freistaat Danzig. Darin wurde der Inhaftierte, Paul Sarrach, Gefangener Nummer 2827 – so viele Menschen hatte man also bereits am frühen Morgen des 1. September 1939 in Danzig und Umgebung aus ihren Häusern verschleppt –, aufgefordert, sich in vier Tagen mit der ganzen Familie pünktlich um 7.30 Uhr in Langfuhr auf dem Markt an der Normaluhr, einzufinden, »zwecks Transport zum Lager Neufahrwasser«.

Wir wußten, was das bedeutete: Weitertransport in eine Filiale des Konzentrationslagers Stutthof in Ostpreußen. Auffallend war, daß es in der Familie jene deutschen Männer betraf – Paul, Arthur und Erich –, die polnische Frauen geheiratet hatten.

Der Ton der Verantwortlichen war barsch und herablassend. Man hielt sich zurück, denn es war ein öffentlicher Platz. Aber an den Bussen standen SS-Männer mit aufgepflanztem Gewehr. Passanten, die es mitbekamen, reagierten zum Teil mit einem ängstlichen, mitleidigen Blick, andere sadistisch und zufrieden. Sie, die später nach dem Kriege angeblich nichts wußten und nichts mitbekommen hatten, wußten sehr wohl, wohin unsere Reise gehen sollte.

Die Busse fuhren gar nicht erst ins Lager Neufahrwasser, sondern direkt zum Güterbahnhof. Das Aufgebot an SS-Männern wurde größer. Unsanft wurden wir in die Züge verfrachtet, die Wagen – trotz der klirrenden Kälte – ungeheizt. Zum Glück hatten wir uns daheim noch in wärmere Kleider einhüllen können.

Einen ganzen Tag dauerte die Reise, der Zug mußte oft auf Seitengleisen warten – es war ein Sonderzug. Von Essen und Trinken keine Spur. Die Kinder froren und schmiegten sich an ihre Eltern oder aneinander. Langsam wurde es dunkel. Zum Hunger und zur Kälte kam die Ungewißheit. Wohin fuhr man uns, was wartete auf uns, welche neuen Leiden und Torturen?

Schließlich waren wir am Ziel. Der Zug hielt. Draußen wieder Männer der SS mit aufgepflanztem Bajonett. Der Ton, mit dem man uns empfing, war rauh. Zunächst wurden Männer und größere Jungen von den Familien getrennt. »Kein gutes Zeichen« – flüsterten manche Frauen. Ich versuchte klein zu erscheinen, so klein wie möglich, schmiegte mich an meine Mutter. Hoffte, es würde die Männer erweichen – und ich hatte Glück: Ich wurde den Frauen mit Kindern zugewiesen.

Dann eine Überraschung. Wir waren auf Baracken gefaßt, in die man uns einweisen würde, aber es waren geschlossene Häuser, eine Art Anstalt. Wir wurden von Frauen der SS empfangen. Der Ton, in dem sie mit uns umgingen, unterschied sich kaum von dem, in dem die Männer uns anbrüllten. Da es Frauen waren, wirkte es noch unheimlicher. Wir erfuhren, daß es eine Heil- und Pflegeanstalt gewesen war – für geistig behinderte Menschen.

»Man hat sie ›erlöst‹«, verriet eine Bewacherin mit ironischer Miene. Mit anderen Worten, sie waren umgebracht worden. Wollte sie damit ankündigen, daß das auch unser Schicksal sein werde?

Als erstes wurden wir in einen gemeinsamen Duschraum gebracht. Wir mußten uns ausziehen. Mütter vor ihren Kindern, vor ihren Söhnen – damals eine Ungeheuerlichkeit. Die Frauen schämten sich die Augen aus dem Kopf. Die eine oder andere bat ihre Kinder schroff, wegzuschauen. Ich tat es unaufgefordert.

Am nächsten Tag wurden Männern und Frauen Arbeiten zugewiesen. Den Kindern auch, getrennt. Aus geringstem Anlaß gab es Prügel – von den Bewacherinnen. Als sich einmal ein SS-Mann darüber beklagte, wir seien zu laut und würden ihn beim Mittagsschlaf stören, überraschten uns in der Nacht die Damen – sie ließen sich zum Hohn auch noch Schwestern nennen – mit dicken Gummiknüppeln in der Hand und schlugen auf jeden einzelnen so lange ein, bis einige in Ohnmacht fielen. Es war eine doppelte Folter. Erst mußte man sich die Schreie der zunächst Geprügelten anhören, dann kam man selber dran.

Bald schälte sich der eigentliche Zweck des ganzen Unternehmens heraus. Es war eine letzte Selektion. Hitlers rassentheoretische Theorien traten in Kraft. Wir sollten gewissermaßen vorsortiert werden. Bei einigen Männern stand bald fest, daß sie wieder in ein Hauptlager mußten. Man konnte es an den Fußtritten erkennen, die ihnen SS-Männer mit ihren Stiefeln in die Schienbeine versetzten. Bei Frauen an den Schreien, die in der Nacht – oder gar am Tage – aus den Dunkelkammern zu hören waren. Dann verschwanden sie plötzlich. Zurück in ein KZ.

In der zweiten Gruppe landeten jene, die sehr bald ausgerufen wurden – zum Abtransport in das Generalgouvernement. Das war jenes Restpolen, das unter deutscher Verwaltung der polnischen Nation bleiben sollte. Es war immerhin besser als ein Konzentrationslager.

Auf unserer Familie lastete lange die Ungewißheit. Obwohl wir den Vater aus der Ferne oft sehen konnten, wie er mit anderen in der Arbeitskolonne abmarschierte, sprechen durften wir mit ihm nicht. Auch dann nicht, als mein jüngerer Bruder, drei Jahre jung, schwer an einer Lungenentzündung erkrankte und in eine besondere Abteilung verlegt wurde. Wir rechneten mit seinem baldigen Tod. Zu unserer Überraschung ließ uns ein Arzt, er war selbst Gefangener, nach einiger Zeit die Nachricht zukommen, der Kleine sei über dem Berg.

Auf mich hatte eine der Bewacherinnen, eine aparte junge Frau – erstaunlicherweise nicht blond, sondern mit dunklen, fast pechschwarzen Haaren – ein Auge geworfen. »Bist ein hübscher Junge«, flüsterte sie mir zu, als ich einmal dazu abkommandiert wurde, ihre Schuhe auf Hochglanz zu bringen. »Wenn du kein Häftling wärest, würde ich dich gern vernaschen.« Ich wußte zwar nicht, was sie damit meinte, ahnte aber, daß es für mich eine ungeheure Gefahr bedeutete. Wären ihr die Sinne durchgegangen, ihre Kollegen von der SS hätten mich – schuldig oder nicht schuldig – lebendig erschlagen. Meiner Mutter war diese Sympathie nicht entgangen. Sie nahm mich zur Seite und flehte mich an: »Paß auf, mein Junge, geh ihr aus dem Wege! Es kann dir das Leben kosten!«

Schließlich fiel die Entscheidung. Wir wurden der dritten Gruppe zugeteilt. Wir sollten deutsche Sklaven werden.

Im ersten Braunen Haus in München, einer »Mischung von sachlichem Bürohaus und kitschiger Romantik, Fahnen, Farben und schauderhafter Bilder«, wie es auf den feinsinnigen späteren Senatspräsidenten von Danzig Hermann Rauschning wirkte, hatte Hitler vor einem kleinen Zirkel lange vor der Regierungsübernahme seine Visionen vom »neuen deutschen Adel« entwickelt: »Es wird die große Masse der Anonymen geben, das Kollektiv der Dienenden, der ewig Unmündigen, gleichgültig, ob sie ehemals Vertreter des alten Bürgertums waren oder Großagrarier, Arbeiter oder Handwerker. Die wirtschaftliche Position und bisherige gesellschaftliche Rolle wird da auch nicht die geringste Bedeutung haben. Diese lächerlichen Unterschiede werden in einem einzigen revolutionären Prozeß eingeschmolzen werden... Ohne Herstellung einer gewissen, modernen Form der Hörigkeit oder, wenn man will, des Sklaventums, könne die menschliche Kultur nicht weiterentwickelt werden.«

In den Augen des Führers war der Jude »der Farbige Europas«, ebenso wie die politisch Kompromittierten, die Untermenschen. Mein Vater hatte sich nach dem Ersten Weltkrieg zu den Freikorps gemeldet, die sich der kommunistischen Revolution in den Weg stellen sollten. Das zählte nicht mehr. Wir gehörten zu den politisch Kompromittierten, zu den Untermenschen.

Der Aufenthalt im Lager bestand aus einer Art Gehirnwäsche. Wir sollten begreifen, daß wir Untermenschen geworden waren, die den Herrenmenschen zu dienen hatten. Wir sollten es verinnerlichen und uns damit dankbar abfinden. In einem Schnellverfahren glaubte man es zu schaffen. Den Rest würde die politische Wirklichkeit besorgen. Wir wurden zu Landarbeitern auf Lebenszeit erklärt und sollten nach Pommern. Wanderarbeiter, den dortigen preußischen Großgrundbesitzern zugeteilt und untergeordnet, das ganze Leben lang. Für einen Jungen, der schon gehofft hatte, sechssprachig das Gymnasium zu verlassen, eine Horrorvision.

Da griff das Schicksal oder eine »höhere Macht«, wie Hitler zu verkünden pflegte, auf seine Weise ein. Der Gebäudekomplex des Lagers wurde von der deutschen Wehrmacht beansprucht, die den Rußlandfeldzug in Ostpreußen vorbereiten sollte. Wir waren die letzte Gruppe aus dem ehemaligen Freistaat Danzig. Weitere kamen nicht mehr nach. Es herrschte plötzlich Aufbruchstimmung im Lager, unter den Gefangenen, die in drei verschiedene Richtungen abreisen sollten, und unter der Bewachung, dem SS-Kommando.

Da erhielten wir von der bereits erwähnten Tante Guste aus der Altstadt von Danzig einen Brief, ihre Tochter in Sachsen-Anhalt habe vom Besitzer eines Sägewerkes die Zustimmung erhalten, meinen Vater als Hilfsarbeiter anzustellen. Es war hoffnungslos. Aber meine Mutter ergriff die Chance wie eine Ertrinkende. Egal wohin – nur nicht zu einem preußischen Landbaron! Sie meldete sich beim Lagerkommandanten an und bat um ein Gespräch. Offensichtlich war dieser in Gedanken bereits mit seinem neuen Auftrag beschäftigt. Vielleicht waren es auch die Tränen der jungen Frau, die von ihrem kranken Sohn sprach. Ein Sägewerk sei doch auch eine Möglichkeit, sich als Dienende zu bewähren. Einen Augenblick schaute er sie scharf und kalt an.

Das Herz der Frau begann zu beben. Er hätte voller Zorn das genaue Gegenteil anordnen können, für so viel Auflehnung. »Ihr scheint hier doch etwas gelernt zu haben.« Das Bekenntnis zum Dienen gefiel ihm. Vielleicht war es einer jener Augenblicke, in der Kräfte aus einer anderen Welt Einfluß auf das menschliche Gehirn haben. Er dachte nach, rief seine Sekretärin und befahl ihr, uns eine Abkommandierung nach Sachsen-Anhalt auszuschreiben.

Auf diese Weise landeten wir in einer kleinen Stadt bei Bitterfeld. Der Vater konnte tatsächlich die Arbeit im Werk aufnehmen. In diesem Teil Deutschlands wußte man noch nichts von Zwangsaussiedlungen, von politisch gesteuerter Zurückstufung. Oder man tat, als ob man nichts wüßte. Ich landete wieder in der Volksschule und langweilte mich – wie in Danzig – zu Tode. Das einzige, worin mir die gleichaltrigen Jungen überlegen waren, war ordinäres Gerangel. Das lief ein paar Monate so. Wir fühlten uns von Gott und der Welt verlassen. Die Gastgeber fingen an, unter der Enge der Wohnverhältnisse zu leiden.

Da traf abermals ein Brief ein. Diesmal aus Hamburg, vom Bruder des Vaters. Er lebte seit Anfang der 30er Jahre in der Hansestadt und schlug vor, nach Hamburg zu kommen, hatte mit seinem Arbeitgeber gesprochen und für seinen Bruder eine Stelle im metallverarbeitenden Betrieb erhalten – man suchte händeringend nach Hilfskräften. Die Waffenproduktion stand dahinter. Ein kleiner Aufstieg und ein großes Risiko. Es lief den Direktiven zuwider, die wir beim Verlassen des Lagers erhalten hatten.

## RASSENTHEORETIKER AUSGETRICKST

Im Durcheinander eines Krieges, der wie ein gigantisches Krebsgeschwür einen Staat Europas nach dem anderen erfaßte und auf andere Kontinente, wie Afrika, übergriff, und bei der wachsenden Zahl unterdrückter Menschenmassen, hatte man unsere Familie – so glaubten wir – aus den Augen verloren. Wir faßten Fuß. Zwei entschlossenen Brüdern war es gelungen, die Rassentheoretiker und ihre Helfershelfer auszutricksen.

Mich auf einer höheren Schule anzumelden, wagte ich dennoch nicht. Den Aufruf an alle Jugendlichen, die es noch nicht getan hatten, sich der HJ anzuschließen, konnte ich lange ignorieren – der letzte Junge sollte von der Partei erfaßt, ideologisch für den großen Krieg präpariert werden. Mich widerte diese Organisation innerlich an. In der Millionenstadt Hamburg konnte man untertauchen. Zwar nur auf Zeit, aber immerhin.

Erstaunt war ich, als ich nach einiger Zeit ab und zu Menschen mit einem großen »P« auf der Kleidung sah. Es waren Polen, die hier schon vor dem Kriege als billiges Arbeitspotential gebraucht wurden. Niemand nahm von ihnen Notiz, niemand pöbelte sie an – eine ganz andere Atmosphäre als die, die ich von Danzig her kannte. Dennoch wäre es nicht ohne Gefahr gewesen, einen von ihnen anzusprechen, gerade in meiner Situation. Das bestätigte mich in der Meinung, daß meine Geburtsstadt Danzig in den dreißiger Jahren des 20. Jahrhunderts wohl in besonderer Weise vom Bösen besessen war.

In einem kleinen alten Haus an der Hammer Landstraße fanden wir eine leerstehende Dachwohnung. Primitiv, aber endlich allein. Für mich entpuppte sie sich als großer Wurf, denn sie lag über einer Buchhandlung, in der auch Titel ausgeliehen wurden. Im Gerümpel auf dem Boden fand ich ein paar Kisten voller Bände. Sie waren aus ideologischen Gründen aus den Regalen ausrangiert worden. Eine ideale Lektüre für den politisch Verdammten. Dem Heer der neuen, künstlich geschaffenen Analphabeten wollte Hitler uns zuordnen. Nun verschlang ich bis spät in die Nacht hinein Werke, die genau das Gegenteil in mir weckten. Zur schönen Lektüre kamen Lehrbücher für Englisch und Latein. Der Zugang zum Gymnasium war mir versperrt, der Zugang zum Wissen blieb mir jedoch erhalten.

Bis in die Knochen erschraken wir allerdings, als eines Tages ein unerwarteter Gast vor der Tür stand. Mein Vater schaute aus dem Fenster des oberen Stockes. Unten stand jener SS-Mann, der ihn bei Außenarbeiten des Lagers Stutthof bewachen mußte und nicht mit den Feudalherren in der Veranda speisen wollte. »Hallo Paul!«, rief er, »ich bin es, Karl, von der SS. Kennst du mich noch?«

Verstört ließen wir ihn herein. Schnell stellte sich jedoch heraus, daß er nicht in offizieller Eigenschaft kam, sondern als Mensch, aus merkwürdiger, echter Anhänglichkeit. Der Himmel wußte, woher er unsere Anschrift hatte. Es sei reiner Zufall gewesen, beteuerte er. Aus Frankreich kam er, war nach Osten abkommandiert. Mit vorgehaltener Hand verriet er vertrauensselig: »Es geht los, gegen Rußland! Paul – Mensch – und ich bin dabei! Ist das nicht großartig?« Er freute sich aufrichtig. Es war die Vorfreude auf eine andere Welt. Ein paar Wochen später lag er unter der Erde. Er war einer der ersten, die an der Ostfront ihre fehlgeleitete Begeisterung mit dem Leben bezahlen mußten.

Nach dem Abschluß der Volksschule gelang es mir, eine kaufmännische Lehre aufzunehmen. Das ließ mich mehr wagen. Im zweiten Jahr meldete ich mich zusätzlich bei einem Abendgymnasium an, das die Möglichkeit bot, in einem Schnellverfahren die Reifeprüfung abzulegen.

Daneben studierte ich täglich den Verlauf der Fronten. Ich weiß nicht, ob es in Deutschland damals einen zweiten Jungen meines Jahrgangs gegeben hat, der jeden Abschnitt im Westen und im Osten mit der Lupe auf der Karte verfolgte. Nicht die gleichgeschaltete Nazipresse bot die Möglichkeit, sondern die British Broadcasting Corporation, die wir regelmäßig abhörten. Es war bei Todesstrafe verboten.

Nicht die Siege des Herrenmenschen waren es, die mich interessierten. Ich hungerte nach seinen ersten Niederlagen, nach den ersten Anzeichen von Rückzug. Sie allein bedeuteten Hoffnung, Chance auf ein Dasein in Würde und ohne Furcht. Und sie blieben nicht aus, weil sie kommen mußten. Wie leuchtende Sterne haben sie sich mir eingeprägt.

Am 19. November 1942 schloß sich die Angriffszange der sowjetischen Armee um Stalingrad. Am 31. Januar 1943 war der letzte, mutig für eine aussichtslose Sache kämpfende Rest überwältigt. Hitler, der große Heerführer, erwies sich als der größte Stümper dieses Krieges, der über den Horizont eines Stammtischstrategen, eines Gefreiten, nie hinausgewachsen war. Begabte Generäle, pflichtbewußte Offiziere, treue Landser verbluteten im Dienste eines Wahns vom »neuen deutschen Adel«, der über die Völker der Erde herrschen sollte.

Drei Monate nach Stalingrad kam die zweite Katastrophe: Am 7. Mai 1943 brach die Front in Nordafrika endgültig zusammen. Was Generalfeldmarschall Erwin Rommel, beflügelt vom Enthusiasmus vieler Afrikabegeisterter, gestartet hatte, zerlief im Sande. Irgendwo in Hamburg richtete ein 16jähriger Junge sich innerlich auf, freute sich über die Niederlage Rommels. Sein und Hitlers Sieg hätte für ihn düstere Folgen gehabt.

Den Sohn des fähigen Feldherrn, Manfred Rommel, lernte ich 1973 kennen. Er wurde ein Jahr später Oberbürgermeister von Stuttgart und aufmerksamer, wohlwollender Leser meiner politischen Leitartikel in der »Esslinger Zeitung«.

Gott erweist sich als Herr der Geschichte, nicht der Mensch, der selbstgefällig nach den Sternen greift.

Um diese Zeit erhielt der Vater eine Einladung ins Polizeipräsidium. »Haben sie uns jetzt aufgespürt?« war die bange Frage, die sich die ganze Familie stellte. Der Vater war in einem Metallbetrieb tätig, der inzwischen für die Wehrmacht arbeitete, ich absolvierte eine Lehre und besuchte eine Abendschule. In den Augen jener Männer, die uns in Danzig für immer einen Platz in der Anonymität unterjochter Massen zuweisen wollten, eine unerhörte Auflehnung, eine heimtückische Rebellion.

Abermals wurde es ein schwerer Gang für den Vater. Insgeheim rechneten wir nicht damit, ihn wiederzusehen, wir waren auf Verhaftung und Wiedereinlieferung in ein Konzentrationslager gefaßt. Es kam anders. Nach Vorlage der Aufforderung lächelte der Polizeibeamte, holte Ausweise aus der Schublade und sagte: »Ich gratuliere Ihnen. Sie sind in die Volksliste Nummer drei aufgenommen worden.«

Nur Nummer drei! Für meinen Vater eine neue Demütigung! »1918 habe ich Ihnen im Freikorps die Kommunisten vom Halse gehalten«, murmelte er und warf die Ausweise auf den Tisch. »Jetzt darf ich Bürger dritter Klasse sein. Sie werden noch kleine Brötchen backen. Warte nur.«

Wir verstanden. Hitler brauchte frisches Blut an allen Fronten. Die Verwirklichung der Rassenlehre wurde auf Zeit abgeschwächt, hinausgeschoben. Für mich bedeutete das in aller Wahrscheinlichkeit, in einem Jahr bei der Wehrmacht zu landen. Kein Grund zur Freude, für einen Mann zu kämpfen, der uns durch seinen Helfershelfer Albert Forster in Danzig zu Untermenschen machen wollte. Wir erfuhren, daß man den jüngsten Bruder meiner Mutter aus dem Konzentrationslager Stutthof entlassen hatte. Am 1. September 1939 war er in Neufahrwasser bei Danzig unter Schlägen und strengster Bewachung, mit hocherhobenen Händen, von der SS verhaftet worden – wie ein gemeingefährlicher Schwerverbrecher.

Jetzt ließ man ihm kurze Zeit, sich daheim bei seiner Mutter an ein normales Leben zu gewöhnen. Dann wurde er, obwohl wie seine Schwester und meine Mutter ein Kaschube, Soldat. Er fiel in Frankreich bei einem Luftangriff der Alliierten auf deutsche Positionen. Hitler und seinen gelehrten und ungelehrten Rassentheoretikern hat es nie an Zynismus gemangelt.

Dieses Schicksal stand auch mir vor Augen. Nur selten fand ich eine ruhige Nacht, wälzte mich in meinen Träumen, schrie, wachte schweißgebadet auf, sah die erschrockene Mutter auf der Bettkante sitzen, beruhigend nach meinen Händen greifend. Zu den nächtlichen Luftangriffen neue seelische Qual. Zweimal wurden wir ausgebombt, waren knapp davongekommen, mußten schließlich Hamburg wieder verlassen. Die Familie wurde auseinandergerissen. Allein landete ich im Rheinland.

Dann kam er, der 6. Juni 1944, der »D-Day«. Unter dem Schutz starker Seestreitkräfte landeten die Briten in der Normandie, die amerikanischen Verbände auf der Halbinsel Cotentin. Gegenangriffe blieben erfolglos. Erwin Rommel, mit der Aura des großen Afrikahelden umgeben, versucht Hitler in einem Brief klarzumachen, daß der Krieg verloren sei. Hitler zwang ihn daraufhin am 14. Oktober 1944 zum Selbstmord. Sein Nachfolger, Generalfeldmarschall von Kluge, mußte den gleichen Weg gehen. Der von vielen angehimmelte Führer entpuppte sich vollends als Dämon.

»D-Day«, für mich ein Lichtblick, die Aussicht auf jene Stunde, die mir das Recht wiedergeben sollte, mein Selbst zu verwirklichen, Träumen nachzugehen, der großen Vision zu folgen von der Versöhnung aller Menschen. Ein Freudentag für mich. Der Kanal, über den die Rettung kam, er wurde für mich zum goldsilbernen Band, hinter dem sich eine neue Dimension auftat, die Dimension einer mit ihrer Vielfalt an Sprachen und Kulturen ausgesöhnten Welt.

Was ich nicht wissen konnte – und zum Glück auch nicht wußte – war, daß in den alliierten Verbänden, die auf Deutschland vorrückten, ein weiterer Bruder meiner Mutter aus dem Freistaat kämpfte, dem es gelungen war, sich nach seiner Entlassung aus dem Konzentrationslager auf abenteuerlichem Wege nach England durchzuschlagen und sich dort polnischen Verbänden anzuschließen. Wir hätten uns begegnen können, er auf der einen Seite, ich auf der anderen der Front. Das sind die Spielregeln der Hölle. Am Schluß will sie Bruder gegen Bruder, Freund gegen Freund, den Vater gegen den eigenen Sohn, den Sohn gegen die eigene Mutter zu Felde ziehen sehen.

Aber Schlimmeres noch hatte die Unterwelt mit mir vor. Eine Aufforderung, mich beim Wehrersatzamt zu melden, verriet einen seltsamen Rahmen. Ein kriegsbeschädigter Offizier mit nur einem Arm empfing mich mit einem hohen Führer der HJ. Warum ich mich eigentlich noch nicht freiwillig zur Waffen-SS gemeldet hätte, fragten sie scheinheilig. Ein blonder und blauäugiger Junge gehöre in die Elite der kämpfenden Truppe.

»Ungeheuer«, flüsterte es in mir, während ich im Geiste die Fäuste ballte, »ihr Ungeheuer! Jetzt, wo das Dach über eurem Hause brennt, wollt ihr einstige Sklaven zu Gesinnungsgenossen machen, in letzter Minute mithineinziehen in die Verantwortung für eure Verbrechen. Das ist wahrhaft teuflisch. Himmel, hilf mir, dieser Brut zu entkommen.«

Sie warteten. Ich schwieg zunächst, stotterte davon, daß ich eigentlich an eine andere Einheit gedacht hätte. Zu den Sanitätern würde es mich hinziehen. Die Männer machten den Eindruck, als würden ihnen plötzlich die Augen aus dem Kopf quellen. Die kühle Höflichkeit von vorher fiel von ihnen ab. Sie brüllten fast zeitgleich: »Du blöder Kerl! Schlägt ein so großartiges Angebot aus. Stolz sein könntest du, dabei zu sein. Wir müssen einmal deine Akte genauer studieren, deine Vergangenheit in Augenschein nehmen.«

Also wußten sie es! Ich versuchte, Zeit zu gewinnen. Müßte es mir genau überlegen. »Da gibt es nichts zu überlegen. Der Führer braucht uns. Kannst ja eine Lebensbeichte bei mir ablegen«, bemerkte ironisch der HJ-Führer, der aus undurchsichtigen Gründen vom Wehrdienst freigestellt war. »Wir tragen dich in die Liste ein, klar? Nach dem Arbeitsdienst kommst du zur Waffen-SS!«

Die Hölle kam nicht auf ihre Kosten. Mehr und mehr begann ich den Schutz einer anderen Macht zu spüren, die sich als größer erwies als jene, die sich »an der Macht« glaubte. Als die Ausbildungszeit in einer Einheit des Arbeitsdienstes, die bereits der Wehrmacht unterstellt war, auslief, rief mich der Lagerführer zu sich und meinte mit merkwürdigem Blick: »Bei der Waffen-SS wollen sie dich haben. Du bleibst hier. Wir brauchen dich als Kurier!«

Auf einer Kurierfahrt von Sachsen in den Westerwald geriet ich auf dem rechtsrheinischen Ufer in der Nähe der Loreley plötzlich in amerikanisches Sperrfeuer von den Höhen auf der anderen Seite. Einen ganzen Tag lag ich unter einem zerschossenen Autowrack und stellte mich tot. Erst im Schutze der Nacht konnte ich mich davonschleichen und in Sicherheit bringen. Ich lief kurz darauf einer deutschen Einheit in die Arme.

Im Westerwald holten uns amerikanische Panzerverbände ein , die von Remagen her kamen. Mit ein paar Kameraden geriet ich in Gefangenschaft. Wir wurden auf einen Jeep geladen und sollten in ein provisorisches Lager gebracht werden. »Nicht noch einmal«, dachte ich. Auf der Fahrt durch ein Waldstück sprang ich vom Jeep und verschwand im Dickicht. Sie schossen hinter mir her, hielten jedoch nicht an. Von einer Bäuerin erhielt ich verschlissene Zivilkleidung und zog mich um. Auf abenteuerlichem Wege schlug ich mich nach Hamburg durch, wollte zu meinem Onkel, der uns schon einmal geholfen hatte.

Über den Aufenthaltsort meiner Eltern und Geschwister wußte ich nichts. Auf dem Weg von der Straßenbahn im Ostteil der Stadt zu meinen Verwandten sah ich einen englischen Offizier. Als ich hinschaute, dachte ich, einer Sinnestäuschung zu erliegen: In der Uniform eines Feldgeistlichen steckte ein polnischer Priester, der einmal vorübergehend in der Sankt-Stanislaus-Kirche in Danzig-Langfuhr ausgeholfen hatte. Noch unsicher, sprach ich ihn in Polnisch an. Er blieb überrascht stehen, schaute mich prüfend an – und erkannte mich.

»Boze drogi, co ty tu porabiasz? Jak ty wygladasz?«

»Du lieber Himmel, was machst du denn hier? Mann, wie siehst du aus?«

Er nahm mich mit in sein Quartier. Es befand sich ausgerechnet in den Räumen jener Volksschule in Hamburg-Horn, in der ich nach unserer Ankunft in der Hansestadt den Unterricht wieder aufgenommen hatte. Dort war die polnische Militärseelsorge untergebracht. Er holte eine Dose Fleisch aus seinem schmalen Schrank, machte einen Kaffee, einen richtigen guten Kaffee, besorgte mir aus einem Nebenraum Kleider, die einen halbwegs zivilen Eindruck machten, neue Schuhe, stellte mich anschließend Verbindungsoffizieren vor. Diese staunten, als sie ausgerechnet einen jungen Mann aus Danzig kennenlernten, aus jener Stadt, die auch ihr Schicksal verändert hatte.

Bis aufs Hemd wurde ich ausgefragt über die ersten Tage des Krieges, über meine Familie, die sich dem Massenwahn widersetzt hatte. Zum ersten Mal erwies sich die Erziehung meiner Eltern in einer Doppelkultur ganz offensichtlich als Segen. Und ich mußte an die Worte meines Vaters denken, als ich ihn zum ersten Mal nach seiner Verhaftung in Danzig bei Außenarbeiten auf einem Landgut in der Nähe des Konzentrationslagers Stutthof besuchen konnte. Tränen liefen ihm über die Wangen und landeten auf seinem Sträflingsanzug. »Wir haben nichts falsch gemacht. Wir haben uns nichts vorzuwerfen. Eines Tages wirst du es verstehen.«

Es wurde später Abend, als ich alles losgeworden war, was sich in Jahren in meinem Innern an Bitterkeit und Verzweiflung angesammelt hatte. Ich weinte mir den Schmerz einer zerstörten Kindheit, einer ruinierten Jugend aus der Seele. Und der Priester hörte schweigend zu.

»Würde dir nicht raten, jetzt nach Danzig zurückzukehren. Dort etabliert sich bereits ein kommunistisches Regime«, meinte er nachdenklich. »Schlaf dich erst einmal aus. Morgen sehen wir weiter.«

Nach der heiligen Messe in der provisorischen Kapelle, der ich beiwohnte, lud er mich zum Frühstück ein und überraschte mich mit einem fast unglaublich klingenden Vorschlag: »In den nächsten Tagen geht ein Kurierfahrzeug nach Ancona in Italien. Dort ist das II. polnische Armeechor stationiert, das Monte Cassino freigekämpft hat. Du könntest mitfahren. Ich besorge dir Papiere und ein Begleitschreiben. Von dort wird man dich nach Rom bringen. Melde dich beim Polnischen Institut. Du hast schließlich in Danzig ein polnisches Gymnasium besucht, könntest auf der Gregoriana, der Päpstlichen Universität, zunächst einmal Philosophie studieren, danach entscheiden, wie es weitergehen soll. Logik ist immer gut, wenn man in dieser Welt der Irrlehren klaren Kopf behalten will.«

Ich wußte mich vor Freude nicht zu fassen, zitterte vor Erregung am ganzen Körper. Während sich endlose Massen von Flüchtlingen, Vertriebenen, entlassenen Soldaten und Gefangenen, von heimatlos Gewordenen durch alle Länder Europas wälzten, landete ich in Rom und konnte mit dem Studium beginnen.

Was über fünf Jahre zum Fluch geworden war – der Versuch der Eltern, mich in einer Doppelkultur auszubilden – trug erste segensreiche Frucht.

Hätten andere Väter im Freistaat Danzig auch so gedacht, hätten sie ihre Söhne und Töchter so erzogen, dann hätte Hitler Danzig nicht zum Vorwand nehmen können, einen zweiten Weltkrieg vom Zaun zu brechen. Und unter Umständen wären Millionen die Qualen eines grausamen, sinnlosen Todes erspart geblieben.

Ein solches Weltbild hätte meiner indischen Tochter die Heimat bewahrt, ihre deutsche Heimat. Aber gerade dies fehlte vielen, fünfzig Jahre nach der Katastrophe, die Europa in der Mitte des Jahrhunderts heimgesucht hat.

# Kapitel III 1996

Fast zehn Stunden hatte mich der Traum in der Maschine der Air India weit in die Vergangenheit entführt, in eine Vergangenheit, der ich mich längst entrückt glaubte. Nun holte mich die Gegenwart ein.

Wir flogen bereits über Europa. Mir war, als sei die Vergangenheit Gegenwart geworden. Bald würden wir landen, – aber welch ein Unterschied. Selbst nach den schönsten Reisen in fernste Länder – Fernost oder Südamerika – hatte ich mich immer gefreut, wieder deutschen Boden zu betreten. Zum ersten Mal war das nicht der Fall.

Wie in den dunkelsten Kindertagen in Danzig bemächtigte sich meiner ein Gefühl des Verlorenseins, der Angst vor diesem Lande, vor seinen Menschen, vor ihrem Wohlstand, vor ihrer Selbstsicherheit. Wie leere tote Hülsen wirkten nach der Landung die Gebäude auf mich. Mir war, als sei die Welt plötzlich ohne Seele. Am liebsten hätte ich diesen Schmerz hinausgeschrieen. Aber wer würde ihn verstanden haben?

Mit fragenden Augen empfing mich meine Frau beim Ausgang. Als typisch deutsche Frau alten Stils wurde sie von unseren ausländischen Besuchern oft charakterisiert: zuverlässig, treu, praktisch, für mich stets ein wenig zu nüchtern. Jetzt umgab sie Schwermut, und das Schlimmste war, daß sie es nicht einmal verbergen konnte.

Leiden kann mehr verbinden als Liebe. Wir versuchten, die Bürde gemeinsam zu tragen. In diesen Tagen der Schwermut kam der Gedanke in uns auf, Deutschland zu verlassen und nach England umzusiedeln. Als Kinder hatten uns alle unsere indischen Töchter ab und zu gefragt, was wir tun würden, wenn sie – vor allem aus rassistischen Gründen – gezwungen sein würden, auszuwandern. Dann würden wir mit ihnen gehen, hatten wir geantwortet. Jetzt sahen wir uns in eine Situation gestellt, in der eine unserer Töchter uns beim Wort nehmen konnte.

Ein Glück in jenen Tagen war, daß das weltweite automatische Telefonnetz bereits funktionierte. Zehn Jahre zuvor mußte man in Indien noch Stunden auf eine Verbindung warten – am Ende oft vergeblich. Es wurden die größten Abrechnungen, die wir je gehabt haben, obwohl wir uns bemühten, die Gespräche kurz zu halten. Und jedesmal bestätigte sie, wie glücklich sie sei, unsere Stimme zu hören. Sie versprach viel zu schreiben, um uns hohe Kosten zu ersparen.

Drei Wochen dauerte es dennoch, bis die ersten Zeilen bei uns eintrafen. Die Anrede »Lieber Papa« war von acht Herzen umrahmt, zwei großen und sechs kleinen, acht Liebeserklärungen. Kein Wort der Klage.

Ich hatte sie im Vorfeld gebeten, jede Stunde in Indien auszuschöpfen – es würde zum Fundament ihres neuen Lebens werden. Sie hielt sich daran. Vom vollen Eintauchen in das indische Leben berichtete sie. »Irgendwie fasziniert mich das Land, weil alles so anders ist, entgegenkommender, freundlicher.« Von schnellen Fortschritten in der indischen Musik, in der englischen und in der Landessprache war die Rede. Beim Gottesdienst habe sie die Menschen genau beobachtet, vor allem die Frauen, und diese hätten sehr selbstbewußt und unabhängig auf sie gewirkt. Dann die Abschiedsworte: »Tausend Küßchen aus einem... fernen, fernen Land.« Das tat weh, sehr weh.

Die Beschreibungen wurden immer länger, immer plastischer. Jetzt, da sie nicht mehr systematisch verunsichert wurde, schimmerte mehr und mehr eine schriftstellerische Ader in den Zeilen durch. Den Besuch im Bull-Tempel am Rande der Stadt, ein altes hinduistisches Heiligtum, beschrieb sie in den lebhaftesten Farben. Sie schien alle Eindrücke regelrecht aufzusaugen.

Vor dem Tempel habe sie einem Bettler eine Kokosnuß mit der sehr schmackhaften Milch gegeben, die sie gerade im Begriff war, selbst zu trinken. Und ihr Eindruck sei gewesen, als habe er sich darüber mehr gefreut als über eine Geldmünze, die andere auf seinen alten Metallteller warfen.

Bei Kerzenlicht schreibe sie, begann einer der nächsten Briefe. Die aus allen Nähten platzende Millionenmetropole leide unter ständigem Energie- und Wassermangel. Draussen, vor dem vergitterten Fenster, sitze ein kleiner Affe, der sich aus dem nahegelegenen Park unter das Dach geflüchtet habe.

»Ich habe den Stuhl an mein Bett gerückt und die Kerze draufgestellt. Vor dem Wecker lehnt das Bild der Madonna, das Ihr mir geschickt habt. Sie sieht sehr schön aus, sie ist meine Ansprechpartnerin. Jedenfalls fühle ich mich jetzt nicht so allein. Ich kann mich mit ihr unterhalten und sie anschauen.«

Im übrigen werde ihr Englisch immer flüssiger, immer spontaner. Der Musiklehrer sei über die Fortschritte in der indischen Musik, auf der indischen Geige, die sie erworben habe, sehr überrascht. Zum ersten Mal in ihrem Leben Lob auf Lob, Ermunterung und Bewunderung. Das mußte Wunden zum Heilen bringen. Ein wenig vorerst, aber es war ein Anfang. Langsam kam ein Hauch von Freude in uns auf.

An die Schule in Deutschland verschwende sie keinen Gedanken mehr – das sei vorbei. Nur an besondere Verletzungen, die einige Lehrer ihr zugefügt hätten, müsse sie ab und zu denken. Sie seien zu tief und zu schmerzlich gewesen. Aber ein Blick auf das Bild der Madonna helfe ihr in solchen Momenten, darüber hinwegzukommen.

Eines Tages schreckte sie uns telefonisch mit einer Nachricht auf: Der »Indian Express«, eine der großen führenden Zeitungen Indiens, hatte ein Interview mit ihr durchgeführt. Das Fernsehen wolle jetzt nachziehen. Gemeldet hätten sich bereits weitere große Zeitungen.

Die erste Befürchtung war, die Medien in Indien könnten ihr Schicksal zum Anlaß nehmen, um den Rassismus in Deutschland weltweit an den Pranger zu stellen. Es hätte politische und wirtschaftliche Auswirkungen haben können. Meena war ein Politikum geworden.

Ausgerechnet das Goethe-Institut in Bangalore zeigte bei einem Gespräch mit ihr wenig Fingerspitzengefühl. Es hinterließ bei ihr den einzigen negativen Eindruck in Indien. Ausgerechnet mit einem Deutschen, der mehr daran interessiert war, seine Urlaubserlebnisse in Rimini, von wo er gerade kam, loszuwerden, als an deutsch-indischer Problematik, für die sie sich zur Verfügung stellen wollte.

Unsere Befürchtungen erwiesen sich als unbegründet. Das Interview über ein Drittel der Zeitungsseite hatte sie mit Bravour hinter sich gebracht und dabei Verantwortung und Reife an den Tag gelegt. Es trug den Titel: »Return of the Native«, »Zurück ins Land der Geburt«. – »Vor siebzehn Jahren adoptierte ein deutsches Paar ein indisches Baby und nahm es nach Deutschland. Meena ist wieder in der Stadt ihrer Geburt, um Land und Leute zu entdecken.«

In dem Zeitungsgespräch betonte sie, daß Ausbrüche und Symptome von Rassenhaß in Deutschland sie zwar traurig gestimmt hätten, daß sie aber keineswegs der Meinung sei, alle Deutschen seien Rassisten. Das fand seine Verstärkung in der Antwort, die sie auf eine weitere, andere Frage gegeben hatte. Auf den Vorschlag der Redaktion, ob man ihr behilflich sein solle, ihre leiblichen Eltern oder die leibliche Mutter zu finden, antwortete sie entschieden: »Nein! Mein Vater und meine Mutter sind die Sarrachs – jetzt und für immer (now and forever)!«

Das Blatt zeigte sich davon so beeindruckt, daß sie diese Worte als Untertitel wählte. Der Artikel, bestätigte später ein Prominenter, sei von vielen Lesern fotokopiert und kolportiert worden. Das bekam Meena zu spüren, denn sie mußte sich in den darauffolgenden zwei Wochen von der Außenwelt abschotten und konnte sich nur in Begleitung mehrerer Schwestern in der Öffentlichkeit sehen lassen. So erstickte sie jeden Medienrummel um ihre Person im Keim.

Aber sie war zum Politikum geworden. »Ich versichere Ihnen«, hieß es in einem persönlichen Schreiben des Bundeskanzlers Dr. Helmut Kohl an mich, »daß die Bundesregierung und ich selbst auch weiterhin alles in unserer Macht Stehende tun werden, Ausländerfeindlichkeit und Rassenhaß zu bekämpfen und dazu beizutragen, ein gutes und friedliches Zusammenleben von Menschen unterschiedlicher Herkunft und Hautfarbe zu ermöglichen. Mich stimmt dabei sehr zuversichtlich, daß es eine große Zahl von Menschen gibt, die – wie Ihre Familie – Zeichen setzen für ein gutes Miteinander. Ich wünsche Ihnen und Ihrer Familie, daß Begegnungen mit zahlreichen gleichgesinnten Menschen Ihnen auch die Kraft geben, offensiv für Ihre

Überzeugungen einzutreten und durch das von Ihnen vorgelebte Beispiel andere zur Nachahmung zu ermutigen.«

Aufbauende Worte in einem privaten Schreiben fand auch Dr. Klaus Kinkel als Bundesaußenminister: »Ihre Reaktion auf den ›unterschwelligen Rassismus‹ in Ihrer Umgebung kann ich sehr gut verstehen. Auch hier zeigt sich wieder, wie viel in diesem Bereich noch zu tun ist. Wir alle sind gefragt. Hier gilt es zu informieren, Bewußtsein für Gemeinsamkeiten und Unterschiede zwischen den Kulturen zu wecken, zu Toleranz und Verständigung zu erziehen. Dies scheint mir auch gerade vor dem Hintergrund der ausländerfeindlichen Gewalt von ganz zentraler Bedeutung.« Informieren, Bewußtsein wecken!

Dieses Buch soll ein Schritt in die empfohlene Richtung sein. Die trostreichen Worte des Kanzlers, die in den Zeilen des Außenministers eine zukunftsorientierte Ergänzung fanden, hatten zur Folge, daß wir den Gedanken, die Zelte in diesem Lande abzubrechen, erst einmal auf Eis legten. Unsere und unseres Kindes Wunden heilen konnten sie nicht.

Deshalb freuten wir uns, als nach fünf Monaten Mitteilungen aus Indien eintrafen, die einen Lichtblick in unser Dasein brachten.

»Die Zeit rast dem Ende entgegen«, schrieb Meena. »So schnell sind inzwischen fünf Monate vergangen. Aber sie haben mir viel gebracht. Sie sind Teil meines Lebens geworden. Ich bin gereift und sehe das Leben, wie es ist. Es waren glückliche Monate hier für mich, und dafür danke ich Euch sehr. Ich habe erkannt, wie vorteilhaft es sein kann, eine doppelte kulturelle Identität zu haben. Man muß lernen, sie zu leben, und jede jeweils zum richtigen Zeitpunkt einzusetzen. Ich will es versuchen, und ich verspreche Euch, so zu leben.«

Wir wollten ihr nicht zumuten, die weite Reise nach Deutschland allein anzutreten und flogen nach Indien. Zum zweiten Mal sollte ich ihr auf dem Flughafen von Bangalore begegnen. Aber welch ein Abgrund lag zwischen beiden Daten – damals vor 17 Jahren, als die Zukunft vor unseren Augen glitzerte wie der Horizont über dem Meer in der Abendsonne. Was konnten wir ihr jetzt noch anbieten in unserem Lande, das uns selbst so maßlos enttäuscht hatte? Nur Zwischenstation sollte es für sie sein auf dem Weg in eine neue Heimat, nach England!

Bedrückt und glücklich zugleich näherten wir uns dem Abfertigungsgebäude. Da sahen wir, wie uns jemand hinter der Absperrung zuwinkte. Wir durften noch nicht hin, mußten erst durch die Paßkontrolle. Meena hielt es jedoch nicht aus zu warten. Sie schob zwei erstaunte Offiziere beiseite, hörte nicht auf ihre Stimme, kam auf uns zugerannt und fiel mir in die Arme.

»Daddy«, rief sie tief bewegt, »I love India.« »Mein liebes Kind«, sagte ich, während sie mich drückte, »nichts Schöneres hättest du mir zur Begrüßung sagen können.«

Als wir an den beiden Beamten vorbeikamen, fragte einer erstaunt, ein wenig indigniert: »Was ist denn das für eine junge Lady, die uns hier beinahe überrannt hat und nicht warten wollte?«

»Sorry Sir, es ist meine Tochter«, erläuterte ich. »Sie hat uns lange vermißt.«

»Ihre Tochter?«, fragte der Mann überrascht und mit gedehnter Stimme, während sein Blick ungläubig zwischen dem indischen Mädchen und dem weißen Manne hin- und herging. Dann muß er verstanden haben. Ein Lächeln, das Staunen und Rührung ausdrückte, machte sich auf seinem Gesicht breit, und ich glaubte so etwas wie Tränen in seinen Augen schimmern zu sehen. Das hatte er noch nie erlebt, und er würde es wohl nicht noch einmal erleben.

Menschen pflegen die Heimat zu besingen, Wälder, stille Täler, Berge und Seen, Städte und Dörfer – eine Illusion. Nicht darum geht es, wenn Gefühle und Sehnsucht in uns wach werden. Heimat ist dort, wo Menschen leben, die uns lieben, die auf uns warten, die uns Geborgenheit schenken und denen wir Geborgenheit geben. Für unsere indische Tochter waren wir die Heimat, nicht unser Land. Zwei deutsche Menschen, die ihr Vater und Mutter geworden waren, mehr als es leibliche je werden können. Das wollte sie in ihrer Antwort auf die Frage des »Indian Express« zum Ausdruck bringen, so fühlte sie, so fühlten wir.

Ein paar Tage bestätigten uns, daß sie sich frei und ungezwungen in der großen Stadt bewegte, als habe sie hier schon immer gelebt. Sie sprach ungezwungen, ja selbstbewußt mit den Menschen ihres Landes. Eine in England geborene Inderin gestand mir einmal, daß Indien für sie ein Kulturschock gewesen sei, als sie es zum ersten Mal besuchen durfte. Davon war bei unserer Tochter nichts zu spüren. Im Gegenteil. Sie war stolz auf diese ihre Stadt, in der sie zur Welt gekommen war. Uns konnte nicht entgehen, daß man sie ins Herz geschlossen hatte – die indischen Schwestern, ihre Kommilitonen, unsere Freunde. Aber es war so, weil sie uns im Rücken wußte, in einem fernen Land und ihr doch sehr nah.

In unserem Hause stand sie oft auf dem Balkon. Ihr Blick schweifte über die Wiesen, den Waldrand dahinter und die Hügel, die Bergketten in der Ferne. Es war nicht schwer zu erraten, was sie empfand. Vor ihrer Abreise nach Indien hatte sie es ausgesprochen: »Nie mehr werde ich hier zu Hause sein, immer nur Gast.«

Wir konnten es nicht leugnen. Nur ein paar Tage, dann mußten wir aufbrechen nach England. Eine neue Welt, ein neuer Kulturkreis, neue Menschen. Auf eine neue Mentalität würde sie sich einstellen müssen. Indien hatte sie im Blut, aber wie würde es in England sein? Jetzt war sie wieder in Europa. Würde sie das, was sie in Deutschland erfahren mußte, auch in England erleben?

Es war immerhin Europa. Der erste Tag in Casterton in der malerischen Landschaft von Cumbria brachte bereits ein wenig Erleichterung. Die meisten Eltern waren mit ihren Töchtern angereist, unter ihnen erstaunlich viele Chinesinnen aus Hongkong.

Bei einem Nachmittagstee hatten alle Gelegenheit, sich kennenzulernen, die Atmosphäre entspannt – kosmopolitisch. Mehrere Personen kamen auf uns zu. Man faßte sofort Vertrauen. Die gleiche Schuluniform für alle ließ keine Unterschiede unter den Mädchen aufkommen. Sie kamen von überall her.

Es waren Engländerinnen aus Malaysia, den Ölstaaten und aus Afrika dabei, Mädchen, deren Väter dort arbeiteten. Man spürte nichts von Vorurteilen. Asiaten standen gar in dem Ruf, sehr arbeitsam zu sein. Dennoch sollte es Monate dauern, bis Meena die in Jahren zementierte Verunsicherung zu überwinden begann. Sie traute sich nichts zu, mißtraute jeder neuen schulischen Situation.

Hilfe suchte sie in der englischen Literatur. Vor allem Titel, die Frauen geschrieben hatten, Frauen aus dem 19. und 20. Jahrhundert, die gewagt hatten, den Kampf aufzunehmen gegen Ungleichheit und Unterdrückung ihres Geschlechtes. Sie verschlang ein Buch nach dem anderen.

Die Schulleitung erwies sich als sehr geschmeidig. Dem Mädchen wurde empfohlen, sich auf jene beiden Fächer zu konzentrieren, die ihre Stärke waren: auf die Musik und auf deutsche Literatur. Alles andere würde sich ergeben. Obwohl die Schule eine ausgezeichnete Musikabteilung besitzt, mit erfahrenen Lehrern, gab man zu, daß Meena bereits auf zu hohem Niveau spiele. Man war auf der Suche nach einer Lösung. Zunächst wurde erwogen, sie einmal in der Woche auf das Konservatorium nach Manchester zu schicken. Aber es waren immerhin 80 Meilen. Schließlich fand man eine großzügige Lösung. Nicht Meena mußte in das entlegene Manchester fahren, man holte sich von dort einen neuen begabten Musikpädagogen, James Westall. Das sollte bald Früchte tragen.

Wie im Fluge vergingen 18 Monate. Die Zeit der Abiturprüfungen rückte heran und damit die Suche nach einer entsprechenden Universität. Wir dachten an Sprachen und Literatur, an die malerische Universität Exeter in Cornwall etwa.

Da wurden wir von der Schulleitung gebeten, uns zu einem Gespräch über die Zukunft Meenas einzufinden. Beklemmung beschlich uns. Die bedrückenden Erlebnisse mit deutschen Lehrern standen uns vor Augen. Würde es wieder eine Katastrophe geben?

Das Gespräch erwies sich als hochoffiziell. Vier Fachkräfte der Musikabteilung hatten sich eingefunden unter Führung des Abteilungsleiters. Mit großem Befremden habe man gehört, leitete Mr. David Chapman, der mit einem Grippeanfall zu kämpfen hatte, den Dialog ein, daß wir in keiner Weise in Erwägung ziehen würden, Meena Musik studieren zu lassen. Man sollte doch bei offensichtlichen Begabungen des Mädchens ansetzen und frage sich, warum wir unserer Tochter diesen Weg verbauen wollten, auf dem einiges von ihr zu erwarten sei.

Uns verschlug es zunächst einmal die Sprache. Das war genau das Gegenteil von dem, was man in Deutschland über ihr musikalisches Interesse behauptet hatte, auf allen Seiten. Anschließend gab jede Lehrkraft ihr Gutachten über sie ab, als wolle man sich persönlich für diese Richtung verbürgen. Ihr Spiel zeichne sich durch einen »special sound« aus, das sei nicht zu überhören. Vielleicht liege es an ihrer indischen Seele, die nach Entfaltung rief. Damit war die Entscheidung gefallen.

Ein paar Wochen später erhielt sie von der Schule eine Auszeichnung, die Schülerinnen verliehen wird, die sich für das Ansehen der Schule Verdienste erworben haben. Das ging auf auswärtige Konzerte zurück, bei denen man auf ihr Spiel als Solistin aufmerksam geworden war. Es war auch ein sanfter Druck der Schule auf uns, die gefallene Entscheidung nicht zu unterwandern.

Abermals mußte ich mich ins Flugzeug setzen und an einem Schulkonzert, »Headmaster's Invitation Concert« genannt, mit geladenen Ehrengästen teilnehmen.

Man setzte mich in die erste Reihe. Ein Herr kam auf mich zu, britischer Ex-Offizier, stellte sich als Mr. Spencer

Crookenden vor – ein Förderer der Schule, wie mir zugeflüstert wurde – und fragte, ob ich etwas von Musik verstände. Ich lächelte verlegen.

»Ich darf Ihnen etwas sagen«, sagte er verschmitzt. »Wenn Sie nicht begreifen, daß Ihre Tochter ein wirkliches Talent ist, dann verstehen Sie nichts von Musik«, zeigte mir den erhobenen Daumen und zog sich zurück.

Zufällig waren Pädagogen einer angesehenen Wiener Schule zu Gast. Sie zeigten sich von ihrem Spiel sehr beeindruckt. Zum ersten Mal nach Jahren wohnte ich einem Auftritt meiner Tochter bei – und ich mußte am Ende zugeben, daß die Bewertungen von anderer Seite wohl nicht ohne Grundlage waren.

Die Schule unterstützte ihre Bewerbung, wie in England üblich, am Konservatorium in Birmingham. Wir verstanden nicht, warum gerade dort. Da erzählte uns ein Freund, den wir zufällig trafen und der sich im englischen Bildungswesen gut auskannte, von Simon Rattle, dem berühmten Dirigenten, der in den letzten Jahren aus der früheren Industriestadt eine Musikmetropole und das dortige Symphonieorchester zu einem der besten in der Welt gemacht hatte. Daß dieser bewunderte Musiker auch Präsident des Konservatoriums war, wußte er allerdings nicht. Auch nicht, daß die Musikakademie gleichzeitig Fakultät der UCE war, der dortigen Universität, eine der renommiertesten auf der britischen Insel.

»Zu schön, um wahr zu sein«, meinte ich skeptisch zu meiner Frau, als unsere Tochter uns mitteilte, sie habe die Einladung zu einem Vorspiel erhalten. Zum ersten Mal – ganz auf sich allein gestellt – sollte sie nun ihr Können unter Beweis stellen. Sie hatte u.a. »Themen und Variationen«

des französischen Komponisten Olivier Messiaen gewählt. Es muß ein schwerer Gang für sie gewesen sein. Mit gemischten Gefühlen fuhr sie hin und mit ebensolchen kam sie nach Casterton zurück.

Mitten in einer Chorprobe wurde ihr ein paar Wochen später die Nachricht des Konservatoriums überreicht. Aufgeregt öffnete sie den Umschlag und las: Angenommen! Der Leiter des Musikdepartements küßte und umarmte sie gerührt.

»Mein liebes Kind«, sagte er bewegt, »ich habe den Eindruck, man wird sich freuen, dich dort zu haben.«

Nicht zurückgewiesen, nicht unterbewertet – wie so oft in ihren Kinder- und Jugendjahren. Man wollte sie haben, um ihrer selbst willen. Alle Mitschülerinnen kamen auf sie zu, beglückwünschten sie aufrichtig und nahmen Anteil an ihrer Freude.

»The Governors and Headmaster request the pleasure of your company at the »Speech Day« on Saturday, the 6th July 1996.« – »Gouverneur und Schulleiter würden sich freuen, wenn Sie an der (Abitur-)Abschlußfeier teilnehmen würden.« Die Zeit in Casterton war um. Es seien die zwei schönsten Jahre in ihrem bisherigen Leben gewesen, gestand Meena in einem Interview für die Schulzeitung, in der u.a. Schülerinnen vorgestellt wurden, die in besonderer Weise ins Rampenlicht geraten waren.

Für Meena und für uns bekam der Tag einen einmaligen Aspekt. Weit mehr als tausend Menschen hatten sich eingefunden. Ein gesellschaftliches Ereignis für die Region. Die Engländer haben sich im Wandel der Zeit Stil bewahren können. Prominente kamen zu Wort, Schülerinnen zeigten ihr Können, Orchester und Chor bewiesen Qualität.

Zum Ausklang hatte der Headmaster sich eine Sondereinlage einfallen lassen, die im Programmheft nicht vermerkt war. Es sollte eine Überraschung sein.

Dann war es soweit. Alle wüßten, daß unter den Abgängern auch Meena sei, verkündete Headmaster A. F. Thomas M. A. (Cantab). Kaum hatte er ihren Namen ausgesprochen, erster Beifall. Sie werde zum Abschied noch einmal den Cárdás von Monti spielen.

Stille legte sich über den großen Saal. Wir hatten uns einen bescheidenen Platz im Hintergrund gewählt. Als die letzten Töne ausklangen, erhoben sich die Menschen und spendeten ihr minutenlang »standing ovation«, stehenden Applaus.

Wir blieben wie gelähmt auf unseren Stühlen haften, konnten nicht fassen, was da ablief. Es war mehr als ein Applaus, es war eine kulturpolitische Demonstration.

Mir stand das hilflose Mädchen vor Augen, das zwei Jahre zuvor in meinem Arbeitszimmer verzweifelt ihre Hände aneinandergerieben hatte – von Gott und von der Welt verlassen.

Es war für uns ein privater D-Day – der Tag, an dem im Juni 1944 alliierte Truppen in der Normandie gelandet waren, um Europa vor Barbarei und Sklaverei zu bewahren, die Hitler für den ganzen Kontinent vorgesehen hatte.

Fünfzig Jahre später sollte unserer indischen Tochter gerade noch ein Platz im »praktischen Bereich« zugewiesen werden. Wir wußten, was damit gemeint war. Der Applaus in Casterton war Meenas »Normandie«, die Landung auf einem Boden, auf dem sie ihre künstlerischen und wissenschaftlichen Fähigkeiten entwickeln konnte, als Gleiche unter Gleichen. Mehr wollte sie nicht, mehr wollten wir nicht.

Der Headmaster drückte uns die Hand. So weit er wisse, habe es das seit Bestehen der Schule nicht gegeben, die Verabschiedung einer Schülerin durch »standing ovation«.

Dem »Speech Day« folgte eine Tournee von Chor und Orchester der Schule durch einige Städte Englands. In einer Kirche in Northampton wiederholte sich nach ihrem Vorspiel der stehende Applaus. Im Keble-College in Oxford gab ein kleinerer, aber kompetenter Kreis durch seinen mehrfachen Beifall seine Hochachtung zum Ausdruck.

Meena, einst in einem Park im Zentrum einer südindischen Metropole als Neugeborenes niedergelegt, empfand diese Anerkennung in der Hochburg des Geistes wie einen Segen des Himmels für ihr weiteres Leben.

Nach ihren Wünschen für die Sommerferien gefragt, äußerte sie zaghaft das Verlangen, nach Medjugorje in die Herzegowina zu fliegen. Ein Marienheiligtum, wo ihr als kleinem Mädchen ein ungewöhnliches Erlebnis zuteil geworden war. Anschließend wollte sie nach Indien.

In Medjugorje trafen wir auf ein großes Konzert mit dem Sänger José Carreras. Sie war glücklich. Auf dem Flug nach Bangalore sprach uns ein Herr an, stellte sich als Rechtsanwalt aus Bombay vor und fragte, ob die kleine »lady« in Bangalore ein Konzert geben werde. Er hatte den Geigenkasten gesehen.

»Um Gottes willen«, wehrte ich ab, »sie will ihr Musikstudium gerade erst beginnen.« »Wo denn«, wollte er wissen. Ich nannte Birmingham. »Aber dort wirkt doch Simon Rattle«, rief er aus. »Gratuliere. Ich hoffe, wir werden sie irgendwann einmal in Indien zu hören bekommen.«

Das trat früher ein, als ich gedacht hatte. Im renommierten St.-Marthas-Krankenhaus feierte die Schwesterngemeinschaft gerade das zweihundertjährige Jubiläum. Da Meena dort als Baby gerettet worden war, bat man sie um einen musikalischen Beitrag während der Hauptfeier. Sie konnte schlecht absagen. Manche Krankenpflegerinnen erinnerten sich noch gut des kleinen, sterbenskranken Kindes, von dem einige damals schon geahnt haben wollen, daß es einen besonderen Lebensweg nehmen würde.

Nach der Darbietung wurde sie von allen Seiten umringt, man betastete sie, wollte sie nur anfassen, einige streichelten ihr Gesicht. Als die Oberin des Hauses mein Mißfallen entdeckte, nahm sie mich an die Seite. »Sie müssen verstehen, was hier abläuft. In Indien werden Künstler wie Heilige verehrt.«

»Aber sie ist doch noch keine Künstlerin«, wehrte ich ab. Die Ordensfrau lächelte und fuhr fort »Hier kommt noch etwas anderes hinzu. Eine Plage in diesem Lande sind die Abtreibungen, zu der fast jede Frau gezwungen wird, vor allem wenn ein Mädchen erwartet wird. Die Regierung kämpft seit Jahren dagegen. Meena ist für uns die größte Demonstration gegen diese Unsitte, die lebendigste, die wir uns vorstellen können.«

In Birmingham konnte sie sofort in das volle wissenschaftliche und künstlerische Leben der Stadt eintauchen. Die Philharmonie befindet sich unter einem Dach mit dem bekannten »Convention Center«, einer sehr modernen internationalen Tagungsstätte. Im Sommer 1998 fand dort das Treffen der G8 statt, der acht Wirtschaftsgrößen der Welt. Einen Steinwurf davon das Konservatorium und die Zentralbibliothek, in der sie Dauergast wurde.

Die in unseren Augen bewundernswerteste Leistung vollbrachten die Professoren der Akademie, die es vermochten, neben dem künstlerischen Interesse ihre Leidenschaft auch für die Theorie, für die wissenschaftlichen Disziplinen zu entdecken. In mehreren ganz persönlichen Gesprächen mit Simon Rattle fand sie Gelegenheit, dem großen Dirigenten die Umrisse ihrer Träume und Visionen darzulegen, die inzwischen in ihr herangereift waren. Sie stieß bei dem großen Mann nicht nur auf Verständnis, sondern auf Ermunterung.

Überrascht wurde sie im Juni 1999 von der Nachricht, die Berliner Philharmoniker hätten sich in geheimer Abstimmung für Rattle als künstlerischen Leiter entschieden. Sie war außer sich vor Freude. Denn für sie hatte diese Entscheidung auch eine persönliche symbolische Note.

In der Nähe von London, neben den bekannten »Pine-Wood«-Filmateliers, unterhalten die St.-Brigitta-Schwestern, die sich des Mädchens in ihrer großen Lebenskrise im Jahre 1994 in Indien angenommen und sie gefördert hatten, eine Pension. Dieses Haus ist ihr zweites Daheim geworden.

Als vor dem Weihnachtsfest 1998 im Konservatorium von Birmingham zu einer Party für ausländische Studenten eingeladen wurde, erging an Meena keine Aufforderung, daran teilzunehmen. Kommilitonen wurden im Sekretariat vorstellig und fragten nach den Gründen. Erstaunt antwortete man ihnen: »Meena? Wieso Meena? Sie gilt bei uns als Engländerin.«

Wenige Wochen darauf schrieb meine Tochter mir einen zärtlichen Geburtstagsbrief – in englischer Sprache. Sie bat dafür um Verständnis. Englisch stehe ihr inzwischen näher.

Beide Vorgänge erfüllten mich noch einmal bis an den Rand mit Trauer. Deutschland war dieses von ihm ungeliebte indische Mädchen endlich losgeworden. Für immer.

Ganz im Sinne der Rassentheorien aus dem 19. und 20. Jahrhundert. Die Bitterkeit wurde jedoch abgelöst von freudigen Erkenntnis, daß sie sich bereits in einer dritten Kultur souverän bewegen konnte. Würde mein Vater noch leben, er hätte seine Freude an diesem Menschenkind gehabt. Das war seine Vorstellung im Freistaat Danzig, den Hitler und kurzsichtige Gesinnungsgenossen niedergetrampelt und ausgelöscht hatten.

Mit acht Jahren konnte sie dem sterbenden Mann in der Hansestadt Bremen noch in die Augen schauen, für ihn wie eine letzte Verheißung, daß seine Vision sich auf andere Weise erfüllen werde. Mit den Augenlidern gab er zu verstehen, daß er sie erkannt hatte. Fünfzehn Jahre später war Meena ein Mensch der kulturellen Weite geworden, sie lebte in mehreren geistigen Dimensionen, eine junge Frau aus der Welt von morgen.

# Kapitel IV 2000...

Seit jenem für mich deprimierenden Februar des Jahres 1994 läßt mich das Schicksal jener Stadt, der man verschiedene Namen zu geben pflegte, nicht mehr zur Ruhe kommen: Venedig des Nordens, Perle der Ostsee, Königin der Weichsel, Stolz der Hanse und andere mehr. Im Laufe des zu Ende gegangenen Jahrtausends hat Danzig oft eine herausragende Rolle in der Geschichte Europas gespielt. Selbst Adolf Hitler hat ihr eine große Zukunft vorausgesagt.

1932 erwog er gar, sein Hauptquartier nach Danzig zu verlegen, falls ihm in der Weimarer Republik der Boden unter den Füßen zu heiß geworden wäre. Im Freistaat wähnte er sich sicher.

Aber gerade ihn trifft die Verantwortung dafür, daß diese großartige Stadt am 28. und 29. März 1945 ein furchtbares Schicksal ereilt hat. Und ich frage mich immer wieder: Wird das Schicksal Danzigs das Schicksal Deutschlands werden, oder wird dieses Land aus seiner Geschichte lernen und jene Chance wahrnehmen, die das Venedig des Nordens nicht wahrgenommen hat, Klammer zu werden für alle Nachbarstaaten und darüber hinaus für ganz Europa?

Politiker, die meinen, die Vergangenheit ginge sie nichts an, sie gehören einer anderen Generation an, könnten zu Totengräbern Deutschlands und Europas werden. Entweder erklären wir uns bereit, die Lehren der Geschichte anzunehmen – oder die Geschichte wird eines Tages über uns zu Gericht sitzen.

Nach dem Ersten Weltkrieg wurde Polen die ihm Ende des 18. Jahrhunderts geraubte Unabhängigkeit wiedergegeben. Eine politische Entscheidung, die alle vernünftigen Politiker der Welt schon länger für unumgänglich hielten. Denn seine Auflösung durch Preußen, Österreich und Rußland war von so großer politischer Kurzsichtigkeit, daß sie keinen Bestand haben konnte. Das wäre so, als wenn man Frankreich, Italien oder Spanien zu einer Kolonie machen wollte.

Bei dieser Staatengründung mußte ein Kompromiß um die Stadt Danzig gefunden werden. Zunächst schien außer Zweifel, daß sie Polen zufallen müsse, weil der neue Staat einen Zugang zum Meer brauchte. Zwar sprachen geschichtliche Gründe dafür, aber die überwiegend deutsche Bevölkerung konnte nicht übersehen werden. Es war vor allem der englische Ministerpräsident Lloyd George, der an die historische Tradition der Stadt als Freistaat anknüpfte und diese Lösung auch für das 20. Jahrhundert vorschlug, die sich in früheren Zeiten als Segen für den ganzen Nordosten Europas erwiesen hatte.

David Lloyd George (1863-1945) kann als einer der weitsichtigsten Staatsmänner des 20. Jahrhunderts gelten. Als junger, liberal orientierter Politiker bekämpfte er in seinen Reden den Burenkrieg in Südafrika und setzte sich für den Freihandel ein. In seine Zeit als Schatzkanzler fällt die Einführung der Kranken- und Arbeitslosenversicherung, auch der Altersversorgung in Großbritannien. Im Ersten Weltkrieg spielte er eine ähnliche Rolle wie im Zweiten Winston Churchill, nahm aber danach gegenüber den Besiegten eine vermittelnde Rolle ein und stemmte sich gegen die territoriale Zerstückelung des Deutschen Reiches.

Die Idee des Freistaates Danzig hätte alle versöhnen können. Aber es rächte sich das kurze historische Gedächtnis der Betroffenen. Mit einer zu starken Verbindung nach Deutschland hin hatte Danzig im Laufe der Geschichte ohnehin keine sehr guten Erfahrungen gesammelt. Die ersten bösen Erinnerungen reichen zurück in das 14. Jahrhundert.

Es war der Deutsche Ritterorden mit seinem Hauptsitz in Marienburg an der Nogat, der Appetit auf die reiche Stadt bekam. Anfang November des Jahres 1308 wollte er sie einnehmen. Unter dem Landmeister Heinrich von Plotzke stellte er eine überlegene Streitmacht auf, um sie zu erstürmen. Die deutsche Bevölkerung, unterstützt von polnischen Rittern, wehrte sich. Als sie schließlich überwältigt wurde, richtete der Orden am 13. November 1308 ein Blutbad unter der Bevölkerung an.

Hundert Jahre später – der Orden war am 15. Juli 1410 bei Tannenberg vernichtend von polnischen und litauischen Kräften geschlagen worden – wiederholte sich die Tragödie. Die Städte in der Region, die unter dem Orden gelitten hatten, atmeten auf. Dieser wollte jedoch vor allem Danzig wegen der hohen Einnahmen nicht hergeben. Obwohl geschwächt, gelang es ihm, die Stadt niederzuringen.

Danach nahm der Komtur, ein jüngerer Bruder des Hochmeisters in Marienburg, Heinrich von Plauen, grausame Rache. Er lud die beiden Bürgermeister, Konrad Letzkau und Arnold Hecht, außerdem den Ratsmann Bartel Grossen auf das Ordensschloß und ließ sie noch in der Nacht zum 6. April 1411 unter grausamen Foltern ermorden.

Diese Demütigung hat die Stadt dem Orden nie verziehen. Schon damals haben Deutsche in Danzig von Deutschen erleben müssen, was mein Vater, seine Familie und viele andere im Jahre 1939 erneut durchmachen mußten: Wer sich dem Machtwahn einer kleinen Gruppe von selbsternannten »Herrenmenschen« widersetzt, wird von ihnen niedergemacht. Erst vierzig Jahre später – am 15.5.1457, schlug für Danzig die große Stunde.

Anläßlich eines Besuches an der Mottlau verlieh König Kasimir IV. von Polen der Stadt das »Große Privileg«, auch »Hauptprivileg« genannt. In Verbindung mit anderen rechtlich gesicherten Vorteilen gab dieser Freibrief der Stadt praktisch den Status einer Freien Reichsstadt.

Danzig bekam seine eigene Währung (Steuerhoheit und Münzrecht), konnte diplomatische Beziehungen zu anderen Staaten aufnehmen und durfte eigene Verteidigungskräfte unterhalten.

Am 19. Oktober 1466 wurde die Position der Stadt im Frieden von Thorn bestätigt. Die bedrückende Zeit unter dem Deutschen Orden war vorbei.

Danzig stand eine Zeit der Entfaltung und des wirtschaftlichen Wachstums bevor. Es konnte die Fundamente für seine größte Blütezeit legen, die hundert Jahre später voll zum Tragen kam, das »goldene Jahrhundert«, das etwa von 1550 bis 1650 währte.

Politische Weitsicht bedeutet Wohlstand. Man staunt, was Kunsthistoriker über die Gaumenfreuden jener Zeit zu berichten wissen. Sie unterscheiden sich nur wenig von dem, was der Normalbürger Mitteleuropas sich in der zweiten Hälfte des 20. Jahrhunderts leisten kann.

In einer Kleiderverordnung aus jener Zeit wird gar beklagt, daß man die einzelnen sozialen Schichten, obere, mittlere und niedere an der Kleidung nicht mehr voneinander unterscheiden könne. Praktisch die klassenlose Gesellschaft, wie wir sie heute haben. In Danzig wurde sie vierhundert Jahre früher vorweggenommen.

Nach dreihundertunddreißig Jahren stand abermals eine deutsche Oberhoheit ins Haus: Nach der endgültigen Aufteilung Polens im Jahre 1793 gingen im März preußische Truppen vor den Toren der Stadt in Stellung. Aber nicht Begeisterung empfing sie, sondern Verbitterung. Die Bevölkerung protestierte, und Soldaten der Danziger Garnison schlossen sich dem Protest an. Sie fürchteten, sofort nach Übergabe der Stadt den preußischen Regimentern einverleibt und gegen Frankreich eingesetzt zu werden. Also begannen sie, vom Hohen Tor auf die anrückenden Truppen zu schießen, Matrosen bemächtigten sich der Wälle und eröffneten eine Kanonade gegen die Preußen. Erst als den Soldaten Befreiung vom Wehrdienst und den aus Preußen in die Hansestadt ausgewanderten Bürgern zugesichert wurde, sie hätten keine Folgen zu befürchten, konnte die Übergabe störungsfrei vonstatten gehen.

Waldemar Epp kommentiert diese Phase in seinem hervorragenden Buch »Danzig – Schicksal einer Stadt« wie folgt: »An diesem 4. April 1793 starb das freie Danzig. Das Danzig, das sich einst ebenbürtig an die Seite Venedigs hatte stellen können, welches lange Zeit hindurch gleichrangig mit Amsterdam und Antwerpen, Hamburg und Bremen genannt wurde, war tot.«

Als Teil Preußens und ab 1870 als Teil des Deutschen Reiches mußte es sich mit dem Aschenputteldasein einer Provinzhauptstadt begnügen. Der Mutter des Philosophen Arthur Schopenhauer, Johanna, verdanken wir die Kenntnis über die Gefühle der Bürger in jenen Tagen. Sie schrieb vom »Hass gegenüber Preußen und alles, was preußisch war«.

Mit den Jahren wich der Stolz der Resignation, schließlich wurde die Vergangenheit ganz verdrängt. Aber unter der Haut lebte die Erinnerung an die eigene große Geschichte. Für kurze Zeit erhielt Danzig im Frieden zu Tilsit den Status einer Freien Stadt zurück.

Wirkliche Freiheit brachten die Jahre von 1807 bis 1814 jedoch nicht. Die französische Besatzungszeit zeichnete sich durch Not und Ausbeutung aus. Es fehlte die Anlehnung an ein wirtschaftlich und politisch starkes Polen. Mit dem Ende Napoleons ging auch der Sonderstatus Danzigs wieder verloren. Kein wirklicher Verlust, denn er hatte nicht das gebracht, was die Bürger aus früheren Zeiten im Gedächtnis hatten.

Was Danzig im 19. Jahrhundert anzubieten hatte, war lediglich der Philosoph Arthur Schopenhauer (1788-1860), mit einem durch und durch pessimistischen Weltbild. Der Kunsthistoriker von Holst bezeichnete ihn als »Morgengabe der Stadt Danzig an das 19. Jahrhundert«.

Das kann man nicht ohne Widerspruch hinnehmen. Für den Berufspessimisten aus Danzig wurde das Universum von einer unvernünftigen, unmoralischen und unpersönlichen Kraft in Bewegung gehalten. Diese Macht zwinge Menschen und Tieren ein leidvolles und sinnloses Dasein auf. Auf einer höheren Entwicklungsstufe erkenne der Mensch sich als böse und unvernünftig und werde dadurch – als Wille – sogar fähig, sich selbst zu verneinen.

Schopenhauer hielt seine Philosophie mit der Erlösungslehre des Buddhismus für identisch. Erlösung aus dem verhängnisvollen Dasein, meinte er, sei nur durch Selbstabtötung zu verwirklichen. Das ermögliche den Übergang ins sogenannte Nirwana, das Eingehen des Ich in die Weltseele.

Meine Tochter, ein Kind Indiens, in dem der Prinz zum Erleuchteten, zum Buddha wurde, dürfte Schopenhauer, wäre sie damals in Frankfurt seine Studentin gewesen, heftigst widersprochen haben. Buddha, der einmal Prinz Gautama war und allem Prunk entsagte, liebte die Menschen. Schopenhauer verachtete sie, vor allem die Frauen. Seine Einstellung zum Leben wird in unserer Zeit von manchen Bioethikern aufgegriffen, um die Euthanasie zu rechtfertigen.

Schopenhauer wurde von Friedrich Nietzsche bewundert, beide wiederum von Adolf Hitler. Das geistige Gift für seine Wahnvorstellung vom Willen zur Macht bezog Hitler von Arthur Schopenhauer. Einem Sohn Danzigs aus preußischer Zeit.

Die moralische Unterstützung und den politischen Vorwand für seine Welteroberungspläne hundert Jahre später gaben ihm 59,5 Prozent der Bevölkerung der Hansestadt, als sie in freien Wahlen für den Diktator votierten.

Hätten die Gebildeten und Verantwortlichen diese Verbindung den Menschen von Danzig in den dreißiger Jahren dieses Jahrhunderts vor Augen geführt, sie aufgeklärt, dann hätten sie vielleicht verhindert, daß eine verhängnisvolle Mehrheit Hitler einen Freibrief für seine blutigen Vernichtungskriege ausstellen konnte.

Aber sie haben das Gegenteil getan. Die Vergangenheit, in der eine kluge Führungsschicht und eine instinktsichere Bevölkerung in weise kalkulierter Zusammenarbeit mit Polen Frieden und Reichtum sichern konnten, wurde propagandistisch verfälscht und nationalistisch umfunktioniert und damit über die Stadt und viele seiner unschuldigen Frauen, Männer und Kinder Blut und Tränen gebracht. Das zu verschweigen würde heißen, alten Irrtümern in neuem Gewande den Weg bereiten.

Wenn die Natur etwas zusammenbrechen läßt, dann deshalb, um neuen Entwicklungen den Weg freizumachen. Das zeigt die Geschichte der Evolution. Politiker haben davon im 20. Jahrhundert nichts gelernt.

Wenn politische Strukturen sich auflösen, tun sich neue Chancen auf. Viel Leid ist über viele Völker der Erde gekommen, wenn Ideologen und Mächtige restaurieren, das heißt zum Alten zurückkehren wollten. In Danzig wollten sie die Restauration, koste es, was es wolle.

Nach dem Ersten Weltkrieg hatte sich um und mit Danzig eine historische Möglichkeit für den gesamten baltischen, den nordosteuropäischen Raum aufgetan. Aber die politische Klasse, rückwärtsgerichtet und zukunftsblind, hat vollkommen versagt.

Als Gegenbeispiel läßt sich an der Westgrenze Deutschlands die Entwicklung eines anderen kleinen Staates anführen: Luxemburg.

Um Danzig stritten Polen und Deutschland, um Luxemburg Deutschland und Frankreich. Zwar war Luxemburg flächenmäßig etwas größer als der Freistaat Danzig (Luxemburg 2.566 qkm, Danzig mit dem Weichselmündungsgebiet 1.951 qkm). Dafür hatte die Stadt um 440.000 Einwohner, das Großherzogtum dagegen nur 295.000.

Nach dem Zweiten Weltkrieg war Luxemburg der siebtgrößte Stahlproduzent der Welt. Es wurde nach und nach Sitz wichtiger Europainstitutionen, großer Radio- und Fernsehsender und spielte in der Europapolitik keine unwesentliche, oft eine vermittelnde Rolle. Vor allem aber schenkte

Luxemburg diesem Erdteil im 20. Jahrhundert eine hervorragende Persönlichkeit: Robert Schuman.

Er wurde zu einem der Architekten Europas, von vielen als »Vater Europas« bezeichnet. An der Schwelle zu einem neuen Jahrtausend nimmt dieser Kontinent politische Konturen an, die Schuman entworfen hatte. Das Europäische Parlament wählte ihn 1958 für zwei Perioden zu seinem Präsidenten. Es gibt eine Ahnung von dem, was Danzig im nordeuropäischen Raum hätte sein können. Dort hätte Hermann Rauschning eine ähnliche Rolle für den Osten zufallen können.

Mit dem Inkrafttreten des Versailler Vertrages am 10. Januar 1920 wurde Danzig Freistaat. Der Völkerbund in Genf, Vorläufer der Vereinten Nationen, übernahm selbst die Garantie für die Unabhängigkeit des kleinen Staates. Ein Hochkommissar sollte in seinem Namen darüber wachen. Die Funktion eines Staatspräsidenten war deshalb nicht vorgesehen. Da Danzig ein Konzept Englands war und England durch Danzig auch seine Interessen gewahrt glaubte, wollte London die Position des Hochkommissars für einen Engländer reserviert wissen. Es konnte sich damit nicht durchsetzen. Zwei Briten, Sir Richard Haking, Befehlshaber der britischen Truppen in Danzig, und Sir Reginald Tower, zuständig für den Aufbau der Verwaltung, legten die Fundamente für das Staatswesen. Auch der zweite Hochkommissar war ein Brite, Mac Donnel. Danach zog sich Großbritannien zurück. Ein großer Schaden, denn mit einem englischen Hochkommissar hätte Hitler es 1939 in jedem Fall schwieriger gehabt.

Die Bevölkerung fand sich sehr schnell mit dem neuen Status ab. Weitsichtige, traditionsbewußte Bürger freuten sich – zu ihnen zähle ich meinen Vater, obwohl er damals gerade erst 20 Jahre war. Sein Herz schlug weder für Deutschland noch für Polen, es schlug für Danzig, bis zu seinem Tode in der Hansestadt Bremen, wo er sich niedergelassen hatte.

1919 hatte man den parteilosen Dr. Heinrich Sahm, Geschäftsführer des Deutschen Städtetages, zum OB der Stadt gewählt. Er wurde der erste Senatspräsident (Ministerpräsident). Gleich am Anfang sah er sich mit zwei schwierigen Problemen konfrontiert. Der polnische General Haller, der in Frankreich ein Freiwilligenheer aufgestellt hatte, wollte diese Truppen über Danzig nach Polen bringen und auf dem Durchmarsch die Stadt gewissermaßen im Handstreich besetzen. Sahm alarmierte Berlin, Berlin wiederum Paris, und dort wurde entschieden, die Einheiten auf dem Landweg nach Polen zu bringen.

1920 mußte der junge polnische Staat einen Kampf auf Leben und Tod gegen die aus dem Osten auf Warschau marschierenden bolschewistischen Truppen aufnehmen, deren Ziel Berlin war. Bereits damals hätte eintreten können, was dann erst 1945 geschah. Aber dem jungen, hochmotivierten polnischen Heer gelang es, die Russen an der Weichsel zurückzuschlagen und damit Europa zu retten. Noch heute wird der Tag in Polen als »Wunder an der Weichsel« gefeiert.

In den Rücken gefallen war ihm in dieser schweren Zeit Danzig, das heißt die von Kommunisten aufgewiegelten Hafenarbeiter der Stadt. Sie weigerten sich, das militärische Material aus Frankreich, das die Polen dringend zu ihrer und Europas Verteidigung an der Weichsel brauchten, zu entladen. Britische Truppen mußten schließlich die Arbeit übernehmen. Aber dieser Vorfall blieb wie ein Brandmal in der polnischen Seele haften. Man wollte nicht erpreßbar werden. Eine durchaus verständliche Haltung.

Deshalb beschloß Polen, einen eigenen Hafen zu bauen. Die Wahl fiel auf Gdingen, ein kleines Fischerdorf wenige Kilometer nördlich vom Ostseebad Zoppot. Die Finanzierung übernahm Frankreich. Und Polen hatte für diese Entscheidung die Sympathie der ganzen Welt.

In Danzig machte man bald ein langes Gesicht. Die Stadt hatte sich ins eigene Fleisch geschnitten. Ohne Gdingen wäre der ganze Im- und Export über Danzig gelaufen, ein unvorstellbares Geschäft. Jetzt hatte man eine Konkurrenz, die von Jahr zu Jahr größer wurde. Ein historischer Beweis, wie eine Klasse, in diesem Fall die Arbeiterklasse, gegen ihre eigenen Interessen handeln kann, wenn sie Ideologen von außen mehr Gehör schenkt als dem eigenen Selbsterhaltungstrieb. Vieles von dem erinnert an das Deutschland der 90er Jahre, als die Lohn-Preis-Spirale die deutsche Wirtschaft zwang, große Teile der Produktion ins Ausland zu verlegen. Sie wurde dadurch von vielen Seiten erpreßbar.

Trotz der Konkurrenz Gdingens konnte der Hafen durch die sich erholende Weltwirtschaft 1937 noch Umschlagziffern erreichen, die man nicht mehr für möglich gehalten hatte. Sie wären schwindelerregend gewesen, hätte man nicht durch Kurzsicht zu einer scharfen Konkurrenz durch Gdingen beigetragen.

Weitsichtig reagierte auch der Vatikan. Er ließ sich von keiner Seite einspannen. Die Weichselmündung gehörte vor der Staatsgründung zu zwei Bistümern. Rom machte Danzig zu einer eigenen Diözese. Hatte Polen gehofft, diese neue kirchliche Einheit würde der Kirchenprovinz Gnesen-Posen unterstellt, so sah man sich getäuscht. Danzig wurde direkt dem Vatikan unterstellt. Damit hatte sich der Vatikan eindeutig und langfristig für den Freistaat entschieden und auch klargestellt, welche Bedeutung er dem kleinen Staatswesen beimaß.

Zum Bischof ernannte man den Iren Graf o' Rourke, bis dahin Bischof in Riga. Eine Geste gegenüber Großbritannien, das sich der Unabhängigkeit des Freistaates verpflichtet fühlte.

Es wurde offensichtlich, daß Polen zunehmend jedes wirkliche Interesse daran verlor, den Freistaat nicht zu respektieren oder ihn gar einzunehmen. Scharfmacher wurden von Warschau zurückgepfiffen.

Als im Frühjahr 1933 der Kommandant der polnischen Schützenverbände, Ludwig Muzyczka, Danzig praktisch für Polen besetzen wollte, wurde er vom Außenminister in Warschau, Jozef Beck, gehindert und anschließend abberufen. Dem Nachfolger Albin Kolasiński wurde eingeschärft, auf keinen Fall zu provozieren. Das ging so weit, daß sich innerhalb der polnischen Minderheit in Danzig Unmut breit machte und man Warschau Verrat vorwarf, weil man sich nicht ausreichend geschützt glaubte.

Ich weiß es von Äußerungen meiner Mutter, die an den Generalkommissaren Polens – den offiziellen diplomatischen Vertretern – kein trockenes Haar ließ. Wie wenig Polen an einer Polonisierung Danzigs gelegen war, zeigten die Wahlen.

Hatten im Jahre 1920 für die verfassunggebende Versammlung noch 5,8 Prozent der Bevölkerung für polnische Parteien votiert, so waren es 1927 nur noch 2,5 Prozent, um mehr als die Hälfte weniger.

Das entsprach keineswegs der wirklichen Abstammung. Offiziell wurde die polnische Minderheit mit vier bis fünf Prozent angegeben. Aber unter dem deutschen Anteil befanden sich sehr viele germanisierte Kaschuben. Wenige Kilometer westlich von Danzig beginnt die Kaschubei, praktisch ein Sonntagsspaziergang. Kartaus, die Hauptstadt der Kaschubei, trennen von Danzig lediglich 30 Kilometer.

Die Kaschubei bildete über Jahrhunderte das natürliche Hinterland der Hansestadt. Ein Teil der nach Danzig einsickernden Bevölkerung, angezogen vom Charme, der kosmopolitischen Weite und den wirtschaftlichen Chancen dieser Stadt, entfremdete sich der eigenen Kultur und wollte von seiner eigentlichen Abstammung oft nichts mehr wissen. Ihre Zahl dürfte beachtlich gewesen sein. Drei Generationen weiter hätte sich auch die Familie meiner Mutter »lupenrein« deutsch gefühlt. Bei einem Teil war das bereits der Fall.

Außerdem wehrte sich die polnische Gemeinde (»Gmina Polska«) gegen einen zu großen Einfluß und gegen eine Bevormundung durch Warschau. Man hatte etwas dagegen, daß aus Zentralpolen kommende Leute wichtige Positionen besetzten.

In dieser Atmosphäre gelang es dem 1933 gewählten Senatspräsidenten Hermann Rauschning, im Jahr darauf einen Nichtangriffspakt zwischen Berlin und Warschau zustande zu bringen. Ein Beweis, welche Rolle dieser Freistaat bei gutem Willen aller Seiten in den folgenden Jahrzehnten hätte spielen können. Ihm wäre möglicherweise eine Vorreiterrolle bei der Entstehung einer Europamentalität im Nordosten des Kontinentes zugefallen. Dem geringer werdenden Interesse Polens stand ein immer größeres der Nationalsozialisten gegenüber, wobei Danzig für sie nur ein kleines Steinchen im großen Spiel um die Eroberung des Ostraums und dann der Weltherrschaft sein sollte.

Die Haltung Hermann Rauschnings, der 1933 Senatspräsident wurde, verdient in der Tat Anerkennung. Er sah weiter und hätte Danzig zu großer Bedeutung führen können, denn er besaß das Format dazu und war in der Lage, über seinen eigenen Schatten zu springen. Er sah die Chancen des Neuen, doch jene, die ihn umgaben, im Senat und unter den sogenannten einflußreichen »Persönlichkeiten« der Stadt, waren dem Chauvinismus, dem irrationalem Hass verfallen.

Das jedoch eigentlich Traurige besteht darin, daß manche von ihnen nach dem Zweiten Weltkrieg in der Bundesrepublik Deutschland sich gut einrichten konnten und nie einsehen mußten, welche ein Unglück sie über Danzig, Deutschland und die ganze Welt gebracht haben. Waldemar Epp nennt in seinem Buch »Danzig« einen dieser Männer: Erich Keyser, Hochschulprofessor und Direktor des Landesmuseums.

In dumpfer Erinnerung habe ich ein Gespräch mit diesem Mann im Jahre 1957, als er mich zu sich gebeten hatte, um letzte Neuigkeiten über das polnische Danzig zu erfahren. Obwohl ich über seine nationalistische Vergangenheit nichts wußte und er selbst sich auch nichts anmerken ließ, hatte ich, als ich sein Haus verließ, einen sauren Geschmack im Munde. Noch heute erfaßt mich das Grauen, wenn mir bewußt wird, daß Männer dieses Schlages die Nachkriegsgeneration in Deutschland geprägt haben. Den von ihnen übermittelten Denkmustern kann man bei den jüngeren Jahrgängen nicht selten begegnen.

An der Kurzsichtigkeit seiner Klasse ist Hermann Rauschning zerbrochen; der brutale, primitive und seinem pathologisch motivierten Führer blind ergebene Gauleiter Albert Forster, jung, unerfahren und ungebildet, aus dem fernen Fürth stammend, konnte sich für zehn Jahre durchsetzen.

Als er sich 1945 aus der Stadt in Richtung Westen absetzte, hinterließ er Hoffnungslosigkeit und eine hilflose Bevölkerung. Am 28. und 29. März 1945, genau fünfeinhalb Jahre nach der Einverleibung Danzigs in das Großdeutsche Reich, wurde Danzig den sowjetischen Soldaten zur Plünderung überlassen. Was die deutschen Frauen und Mädchen betraf, hieß das, sie wurden zur Vergewaltigung freigegeben.

Danach ging die Stadt in Flammen auf, bewußt und gezielt von der Roten Armee in Brand gesetzt. Nicht einmal den Polen wollte man die Stadt, die sich für den Ausbruch des Zweiten Weltkrieges hergegeben hatte, unversehrt übergeben. So schnell und so unbarmherzig kann die Antwort der Geschichte auf Verblendung und mangelnden politischen Instinkt sein.

Nach Beendigung der Kriegshandlungen beschlossen die Polen sehr schnell, sowohl ihre zerstörte Hauptstadt Warschau als auch Danzig getreu wieder aufzubauen. Nur kurz war der Gedanke erwogen worden, modernen Städtebau zum Zuge kommen zu lassen. Der Sinn für Geschichte und seine Symbolik erwies sich als stärker. Die ungeheuren Opfer, die dabei erbracht wurden, kann die heutige Generation nicht ermessen.

Unter Hungerlöhnen und zum Teil mit bloßen Händen wurde Stein um Stein wieder zusammengefügt. Selbst wenn man politische und geschichtliche Gründe ins Feld führen könnte, allein mit diesem Aufbauheroismus hat sich Polen ein moralisches Anrecht auf die Stadt Danzig erworben. Mir ist sie fremd geworden.

Mein Vater, durch und durch deutsch geprägt, konnte sich 1945 – beim Heranrücken der Roten Armee auf Danzig, wohin er sich kurz zuvor wegen der Bombennächte in Hamburg zurückgeflüchtet hatte – nicht dazu durchringen, sich den Flüchtlingstrecks in Richtung Westen anzuschließen. Ihm stand das Grauen des SS-Terrors lebendig vor Augen, er beobachtete, wie ehemalige Parteigrößen sich nach Westdeutschland absetzten. Er fürchtete nicht nur, sie dort wiederzusehen – mehr noch hatte er Angst, sie dort wieder an der Macht vorzufinden, offen oder versteckt.

Aus denselben Gründen habe auch ich etwas später versucht, dort wieder Fuß zu fassen. Er hatte mich dazu ermutigt. Aber an einem Ort, der in entscheidenden Kinder- und Jugendjahren fast unheilbare Traumatisierungen in der eigenen Seele ausgelöst hat, ist ein Neubeginn schwer, wenn überhaupt möglich. Die verhängnisvollen Erinnerungen legen sich wie dichter Nebel auf das Gemüt, lassen den Menschen politisch verunsichert und seelisch orientierungslos werden. Ich verstehe heute, warum Menschen aus ähnlichen Gründen Europa in früheren Jahrhunderten den Rücken gekehrt haben und nach Amerika ausgewandert sind. Hermann Rauschning hat es noch 1948 getan. Er wurde Farmer in den USA.

Bei mir kam hinzu, daß die polnischen Behörden gleich nach meiner Landung aus Paris im Jahre 1948 eine umgekehrte Taktik zu praktizieren begannen. Hatten die Nationalsozialisten unsere Hochachtung gegenüber der polnischen Kultur zum Anlaß genommen, uns der neu geplanten

Sklavenschicht zuzuordnen, so erinnerten die kommunistischen Behörden Polens bei jedem Gespräch an die engen Verflechtungen mit Deutschland, ein Instrument ständiger Einschüchterung. Ermuntert von meinem Vater, der mir bald folgte, kehrte ich der Stadt schließlich für immer den Rücken. Sie konnte mir nie wahre Heimat werden.

Es bedrückt mich tief, und ich werde dieses Leid wahrscheinlich mit ins Grab nehmen, wenn ich daran denke, daß das auch das Schicksal meiner indischen Tochter sein könnte, wenn sie an eine Stadt im Herzen Deutschlands zurückdenkt, eine Stadt, die sie innig lieben wollte. Eine mit Füßen getretene Liebe.

## FEHLKONSTRUKTION ODER ZUKUNFT?

Am Schicksal einzelner Menschen spiegelt sich der Geist der Zeit. Und es sind einzelne Menschen, die den Geist der Zeit prägen. Das war der Grund, weshalb dieses Buch geschrieben wurde. Das Gespräch mit einer Vertreterin der uns folgenden Generation ist der letzte Anstoß gewesen. Es war die Erkenntnis, daß wir uns an dieser Generation versündigt haben, weil wir sie aus Kleinmut, Feigheit oder Starrsinn nicht ausreichend über unsere Vergangenheit aufgeklärt haben. »Eine Nation, die Schwäche übergroßer Illusionsfähigkeit zeigt, bedarf mehr als jede andere der Kritik und Klarheit über die Wirklichkeit«, beklagte in seinem Buch »Die Revolution des Nihilismus« Hermann Rauschning, der in Danzig gescheiterte und dann in die Schweiz ausgewanderte Senatspräsident. Er wußte sich dabei nicht allein und zitierte den Führer der alten konservativen Partei Heydebrand: »Wir sind belogen und betrogen worden.«

Das Schicksal Danzigs und die dort gemachten Erfahrungen drängten sich von selbst auf. Es mag Historiker und Politiker geben, die die Idee eines Freistaates an der Weichselmündung im Jahre 1920 als »Fehlkonstruktion« bezeichnen. Wer mit seiner eigenen Ideologie gescheitert ist, pflegt die Idee anderer, wenn es eine Alternative war, auf jeden Fall abzuwerten. Am Ende des 20. Jahrhunderts hat die Geschichte jedoch dem Briten Lloyd George recht gegeben.

Nach dem Zusammenbruch des Sowjetimperiums, das fast 70 Jahre von einer weltfremden Ideologie künstlich und mit Gewalt zusammengehalten wurde, ist es in Europa zur Entstehung einer ganzen Reihe kleinerer Staaten gekommen. Die baltischen Estland, Lettland und Litauen – sie waren zeitgleich mit dem Freistaat Danzig ins Leben gerufen worden – wurden wieder unabhängig. Auf dem Balkan zerfiel Jugoslawien, weil es sich mehr noch als die Sowjetunion als verhängnisvolle Fehlkonstruktion herausgestellt hatte, eine Fehlkonstruktion westlicher Diplomatie, die sich von Hass und Revanche, nicht aber von Weitsicht leiten ließ – bis vor wenigen Jahren.

Mehrere grausam unterdrückte Nationen – vor allem Slowenien und Kroatien – erkämpften sich die Souveränität. Die Entstehung eines freien Kroatien, das von seiner ganzen Kultur und Tradition her nicht zum Balkan, sondern zu Mitteleuropa gehört, dürfte ich durch eines meiner Bücher, den

»Prophetischen Aufbruch«, unterstützt haben. Ähnliches bewirkten die mutigen Beiträge zweier Publizisten in der FAZ und in »Die Welt«. Der Titel war Anfang 1991, also noch zur rechten Zeit erschienen, um Persönlichkeiten der Weltpolitik als Entscheidungshilfe zu dienen.

Mein Vater konnte zum Erhalt des kleinen Freistaates Danzig nichts beitragen. Er hat diese Liebe mit Konzentrationslager, Folter, Demütigungen und Entrechtung – über viele Jahre hinweg – bezahlen müssen. Seinem Sohn war es vergönnt, einen kleinen Baustein zu liefern zu einem unabhängigen Staatswesen, auf das ein Volk im Süden Europas viele Jahrhunderte warten mußte.

So folgten auf Kroatien und Slowenien Bosnien und Mazedonien. Die Tschechoslowakei zerfiel in Tschechien und die Slowakei. Im Kaukasus wurden Georgien, Armenien und andere unabhängig. Im Fernen Osten läßt sich der Stadtstaat Singapur anführen, der bereits nach dem Zweiten Weltkrieg unabhängig geworden ist und es zu großem Wohlstand bringen konnte. In Europa hatten es Luxemburg, Monte Carlo, Liechtenstein, San Marino und Andorra vorexerziert.

Nicht Angst einflößende große Imperien sichern den Frieden, kleinere Staaten entsprechen oft weit mehr dem realen Bedürfnis der Völker. In vielen Fällen erweist sich die Gründung eines Kleinstaates als einzige Lösung, einem permanenten Blutvergießen ein Ende zu setzen. Entscheidend bleibt, daß sie sich unter einem großen Dachverband zusammenschließen.

Auf die Menschheit kommen Probleme zu, die von kleinen Staaten nicht zu bewältigen sind. In einem solchen Verband bedarf es allerdings einiger größerer Säulen, die dem

Ganzen inneren Halt geben. In der Europäischen Union sind es Frankreich, Großbritannien, Deutschland und Italien. Voraussetzung bleibt die absolute Gleichberechtigung zwischen Großen und Kleinen. Das müssen viele Menschen in Europa erst noch lernen.

Wer heute nicht vorwärts, sondern rückwärts schaut oder sich an Philosophien aus dem 18. oder 19. Jahrhundert orientiert, wer sich die klare Sicht durch ideologisch bedingte Vorurteile selbst nimmt, wird in die Zukunft hineintaumeln. Sie wird nicht neue Aussichten für ihn bedeuten, sondern für ihn zum Abgrund werden, in dem er zerschellen muß.

Dafür mag mein erstes Buch – »Das polnische Experiment« – als Beispiel herhalten. Erschienen 1964, wollte es auf die im Westen unbekannte Dynamik des polnischen Katholizismus aufmerksam machen. Es wurde damals gerade in Deutschland nicht verstanden und sogar belächelt.

Aber 14 beziehungsweise 16 Jahre später fand diese Kraft in den Persönlichkeiten von Karol Wojtyla – der zum Papst gewählt wurde und sich den Namen Johannes Paul II. zulegte – und in dem Arbeiterführer Lech Walesa ihren sichtbarsten Ausdruck. Einer der engsten Berater des Arbeiterführers war Andrzej Drzycimski. In den wenigen Jahren, die ich nach dem Kriege in Danzig verbracht habe, um einen neuen Anfang zu suchen, war er mein Schüler. Ich durfte zu den Grundlagen seines Weltbildes beitragen. 1985 wollte ich ihn in Danzig besuchen. Der Geheimdienst in Warschau hat es nicht zugelassen.

Beide – der Papst und der Arbeiterführer – haben den Anfang vom Ende des Kommunismus eingeläutet. Das ist heute unbestritten. Und die am meisten Betroffenen, nämlich Persönlichkeiten aus dem früheren Ostblock, bestätigen es am nachhaltigsten.

Karol Wojtyla war ich seit den 50er und 60er Jahren bekannt. Während des Zweiten Vatikanischen Konzils konnte ich ihn einige Male sprechen. 1964 schickte ich dem damaligen Erzbischof von Krakau einen Zeitungsbericht, den ich über die katholische Kirche in Polen verfaßt hatte. Er habe ihn mit großem Interesse und mit Zustimmung gelesen, schrieb er. »Ich freue mich«, hieß es wörtlich, »daß Sie die katholische Kirche Polens verstehen.« Jedenfalls habe ich sie in ihren wesentlichen Zügen offensichtlich so weit erkannt, um zu ahnen, daß sie Überraschungen für die Welt bereithielt.

»Sie sind der Zeit zu weit vorausgeeilt«, sagte mir in den 60er Jahren der Vorsitzende der mächtigen Gewerkschaft IG Metall, Otto Brenner, einer der größten deutschen Arbeiterführer der Nachkriegszeit. Schon zwei Jahre seien zu viel, um von der Umwelt noch verstanden zu werden.

Heute kann man so etwas nicht sagen. Spätestens seit Michael Gorbatschow den Berlinern, vor allem den Parteigrößen der damaligen DDR, im Jahre 1989 zurief: »Wer zu spät kommt, den bestraft das Leben«, wissen wir, wie schnell man zu spät kommen kann. Und hier setzt meine tiefe Sorge ein.

Fünf Jahre nach dem Ausspruch des damaligen Staatspräsidenten der Sowjetunion hat meine indische Tochter dieses Land verlassen. Auf dem europäischen Kontinent fällt Deutschland wegen seiner geographischen Lage eine Schlüsselrolle zu. Sie bedeutet Verpflichtung und Auftrag. Es liegt im Herzen Europas, alle großen Verkehrsverbindungen zwischen Ost und West, Nord und Süd laufen durch Deutschland. Gleiches gilt für die großen kulturellen Bewegungen quer durch diesen Kontinent, Blutbahnen, die das Leben speisen. Dieser ständige Austausch, die täglichen Begegnungen, die gemeinsamen wirtschaftlichen Interessen setzen ein neues Verständnis füreinander voraus.

Nicht das Gegeneinander, sondern nur das Miteinander kann zur funktionierenden Achse zwischen den verschiedenen Himmelsrichtungen werden. Fehlt der Sinn für dieses Füreinander, beginnt es nicht nur zu knirschen wie Sand im Getriebe. Unheil bekommt Nahrung.

Im menschlichen Körper kann kein Organ unabhängig von den anderen leben. Jedes ist von jedem abhängig. Ohne Herz keine Lunge und ohne Lunge kein Herz. Kooperation ist in einem Organismus eine Frage des gemeinsamen Überlebens, ob groß oder klein. Nur der Krebs hält sich nicht an diese Grundregel. Darum wird er destruktiv und bedroht das Ganze. Mangelndes Verständnis für Menschen anderer Kulturen wird zum politischen Krebs, an dem man eines Tages selbst zugrunde gehen muß.

Mehrere Jahrzehnte habe ich mich in der Illusion gewiegt, wachsende Kommunikation, immer größere Mobilität hätten das Problem des Verständnisses für Menschen verschiedener Kulturen, Rassen und Religionen gelöst. Die Wirklichkeit hat mir die Augen geöffnet.

»Wenn Sie schweigen sollten«, haben mir seither viele junge Menschen anderer Kulturen und anderer Nationalitäten in Deutschland zugeflüstert, »dann werden eines Tages die Steine rufen und uns alle unter sich begraben.«

Im Frühjahr des Jahres 1999 – zum Ausklang des Jahrhunderts – hat uns eine junge türkische Frau einen Besuch abgestattet. Sie hatte ihre Kindheit und Jugend in Deutschland verbracht, sprach besser deutsch als türkisch. Bei einem Besuch in der Türkei lernte sie den Mann ihres Lebens kennen und verließ Deutschland. Als sie sich von mir verabschiedete, sagte sie liebenswert: »Sie waren für mich, als ich in Deutschland lebte, immer wie ein zweiter Vater.« Wir hatten ihr tatsächlich zu einer besseren Ausbildung verholfen. Ihre zuständigen Lehrer wollten sie nicht für die Realschule empfehlen. Erst unsere Intervention bewirkte eine Änderung. Sie wurde eine leistungsstarke Bürokauffrau. Ihr Bekenntnis bewegte mich tief. Meine indische Tochter hatte in Deutschland nicht das Glück, einem Mann zu begegnen, von dem sie das wird sagen können.

Wo liegen die Wurzeln? Ich fürchte, sie liegen sehr tief. Der Kalte Krieg, der den Zweiten Weltkrieg ablöste, verhinderte eine Aufarbeitung dessen, was eigentlich geschehen war. Der Osten und der Westen brauchten Deutschland. Die Selbsterhaltung wurde wichtiger als die Vergangenheit. Aber auf dem Sand verdrängter Fehlhaltungen läßt sich kein Haus bauen, das Europa heißt. Das eigentliche Gift des Nationalsozialismus waren die Denkmuster, die sich im Bewußtsein vieler eingegraben haben und weitergegeben werden. Bis auf den heutigen Tag.

Im Herbst 1998 ging eine Formation von Kranichen im Vogelsberg, nördlich von Frankfurt, nieder. Das Wappentier der Deutschen Lufthansa. Sie wirkten verwirrt, hatten die Orientierung verloren, las ich in der Morgenzeitung. »Hoffentlich kein Omen für Deutschland«, sagte ich zu meiner Frau. »Dieser Kontinent bedarf für das 21. Jahrhundert einer neuen Orientierung.« Deutsche Kaiser und Mystiker dieses Landes haben einst die Grundlagen für ein europäisches Denken gelegt. Dieser Geist wurde im 19. Jahrhundert von menschenfeindlichen Theorien abgelöst, Theorien, die in einer fundamentalen Verunsicherung ihre Wurzeln hatten. Sie sollte mit dem Traum vom »Herrenmenschen« kompensiert werden. Aus dem Selbstbehauptungswillen des Herrenmenschen wurde die Selbstverwirklichung auf Kosten anderer.

Wenn Juden, Polen, Russen, Engländer, Amerikaner, »Ausländer« schlechthin, Asylanten nicht greifbar sind, dann müssen Nachbarn herhalten, weil das Denkmuster sich nicht verändert hat. Prozesse zwischen Nachbarn haben in Deutschland Rekordhöhen erreicht. Wo jeder sich jedem überlegen fühlt, kann ein Gemeinwesen nicht gedeihen. Nur hier kann Heilung ansetzen. »Wer der Größte sein will, muß verfügbar sein gegenüber dem Kleinsten«, in Demut, nicht in Hochmut.

Zum Start des Jahres 2000 sagte Tony Blair, Großbritanniens Ministerpräsident, im Londoner Westminster vor 400 Vertretern verschiedener Religionsgemeinschaften: »Es ist wichtig für uns, die Bedeutung der Demut zu erkennen. Die Menschheit ist eine Einheit und wenn uns unsere Geschichte etwas gelehrt hat, dann nicht den Glauben an die Überlegenheit der Menschheit, sondern an ihre Schwäche, an ihren Hang zum Irrtum. Daraus ergibt sich die Bedeutung einer demütigen Haltung.«

Diese Botschaft von der gegeseitigen Verfügbarkeit richteten 1981 einige damals junge Visionäre in einem kleinen Ort in der Herzegowina, Medjugorje genannt, an die ganze Menschheit. Man hat sie nicht ernst genommen. Zehn Jahre später brach ein mörderischer Bruderkrieg auf dem Balkan aus, dessen Grausamkeit die Weltgemeinschaft zweimal zwang, militärisch einzugreifen.

Mir und meiner Familie hat der Aufruf, neue Grundlagen zum inneren und äußeren Frieden zu legen, geholfen, nicht am Denken von heute zu verzweifeln, sondern den Blick nach vorn zu richten.

Diese Aufforderung könnte das Irrlicht der Selbstüberschätzung, das eine stolze, eine deutsche Hansestadt zugrundegerichtet hat und heute ganz Deutschland bedroht, überwinden. Dann würde dieses Land von allen Nationen unseres an Kulturen so reichen Kontinentes gesegnet – und ich hoffe gegen alle Hoffnung: eines Tages auch von meiner indischen, in England lebenden Tochter.

# KOMMENTAR DES AUTORS

Dieses Buch will der Versöhnung und der Vergebung dienen. Aber Versöhnung auf Dauer ist ohne Wahrhaftigkeit nicht möglich.

Menschen, die am 1. September 1939 meiner Familie und mir in Danzig für immer ein Sklavendasein zuweisen wollten, haben sich inzwischen vor einer Höheren Macht verantworten müssen.

Menschen, die sich ein halbes Jahrhundert später der Entfaltung meiner indischen Tochter in den Weg stellen wollten, haben sich wider Erwarten als Werkzeuge der gleichen Macht erwiesen. Das erfüllt uns mit Hoffnung und Dankbarkeit.

# Zur Literatur


| | |
|---|---|
| Berg H.W. | Indien, *Hamburg 1985* |
| Bahr E. | Das nördliche Westpreussen und Danzig, *Frankfurt 1960* |
| Binnebesel A. | Rozstrzelanym Obronocom Poczty Polskiej w Gdansku, *Warszawa 1976* |
| Bly R. | Die kindliche Gesellschaft, *München 1997* |
| Bogacki F. / Romanowski J. | Obrona Poczty Polskiej w Gdansku, *Warszawa 1976* |
| Burckhardt C.J. | Meine Danziger Mission, *München 1960* |
| Cieslak E. / Biernat C. | Dzieje Gdanska, *Gdansk 1975* |
| Enderling P. | Die Glocken von Danzig, *Danzig 1939* |
| Epp W. | Danzig, *Esslingen 1983* |
| Flisowski Z. | Westerplatte, *Warszawa 1959* |
| Goldhagen D.J. | Hitlers willige Vollstrecker, *Berlin 1996* |
| Herzberg B. | Lichter im Dunkeln, *Hamburg 1997* |
| Kieser E. | Danziger Bucht, *1978* |
| Mathey F. | Heimat an der Weichsel und Ostsee, *Hildesheim 1964* |

| | |
|---|---|
| Mathey F. | Heimat und Heilsgeschichte, *Hildesheim 1963* |
| Ramonat W. | Der Völkerbund und die Freie Stadt Danzig, *Osnabrück 1977* |
| Rausching H. | Gespräche mit Hitler, *Zürich 1940* |
| Rausching H. | Die Revolution des Nihilismus, *Zürich 1938* |
| Samartha S. J. | Between two cultures, *Genf 1996* |
| Sarrach A. | Ich adoptierte Kinder aus Indien, *Esslingen 1983* |
| Sarrach A. | Der prophetische Aufbruch von Medjugorje, *1991* |
| Sonnenberg F. | Der Bannerherr von Danzig, *Hamburg* |
| Zwarra B. | Gdanszczanie, *Gdansk 1976* |